プレ・トークで
よくわかる

ヒプノセラピー入門

藤野 敬介

Client

hypnotherapist

推薦のことば

　藤野敬介先生は、日本でヒプノセラピーの個人セッションをされ、また、セミナーも開かれています。

　藤野先生のヒプノセラピーの特徴は、何といってもその語学力を生かして、日本で初めて、1979 年に Gerald F. Kein 氏により創設された OMNI Hypnosis Training Center®（オムニ・ヒプノシス・トレーニング・センター®）のヒプノセラピーの考え方、手法を学び、そして、東京の「認定講師」の資格を持っておられる点にあります。

　カイン氏はアメリカでヒプノセラピーを行っているセラピストは誰でもがその名前を知っている有名なヒプノセラピストです。藤野先生は、そのカイン氏直伝のセラピーを日本で展開されつつあります。

　また、次世代を担うヒプノセラピストとして、真摯にヒプノセラピーを実践、研究されつつあります。今後、日本のヒプノセラピーに新風を吹き込む、期待の若手です。

　藤野先生は平成 25 年に設立された「日本医療催眠学会」の理事も務めておられます。この学会は、ヒプノセラピーに関心のある方であれば、どなたでも、参加できる学会です。現在、これからも、この学会の重鎮として、牽引者として活躍されると信じております。

　この度出版される藤野先生の著書の増補改訂版は、催眠に対する人びとのイメージにとらわれない「ヒプノセラピー入門」とい

うタイトルにすることにより、ヒプノーシス（催眠）をよりわかり易く、理解しやすいように工夫されています。

　藤野先生は、そのことを「ヒプノセラピーとはどのような療法なのか？」という疑問に、できる限りわかりやすく答えることを意識して改訂を行ったと強調しておられます。今後、この「ヒプノセラピー入門」というタイトルの本が日本の多くの読者の手に渡り、ヒプノセラピーが更に世に理解され、広まることを期待しております。

イーハトーヴクリニック　院長
日本医療催眠学会　理事長
医学博士　萩原　優

増補改訂版刊行に寄せて

　私が前著『こわくない催眠療法』を上梓してから4年が経過しました。
　この4年間に、私自身にも、ヒプノセラピー（催眠療法）の世界にも、いくつかの大きな変化がありました。
　まず、私自身のことからお話ししますと、この間、アメリカのヒプノセラピーの師匠のもとで、正式にインストラクターの資格を修得しました。現在は、催眠療院・銀枝庵でヒプノセラピーを行うのと並行して、私が師匠から学んだのと同じヒプノセラピスト向けのトレーニングを、日本国内で指導する立場になりました。
　また、このことで、前著では明らかにすることができなかった師匠の名前や、私がトレーニングを受けたスクールの名称等についても、ようやく公開することができるようになりました。
　そして、前著を出した直後、私が所属する東京の國學院大學において、教養科目の1つとして「コミュニケーションとラポール（言語・心理・催眠）」という講座を担当することになりました。『こわくない催眠療法』をテキストに採用したこの講座は、毎回500名を超える受講生を集める人気授業となり、現在も継続して開講されています。

心理学の専門課程ではない、大学の一般教養の科目として催眠が採り上げられたこと自体が画期的なことではありますが、いわゆる心の病や他者とのコミュニケーションの取り方に悩む大学生からのニーズは、今後もますます増えるのではないかと思われます。

　ヒプノセラピーの世界における大きな出来事の１つとしては、2013年２月に日本医療催眠学会が設立されたことが挙げられます。

　日本における医療催眠の第一人者であるイーハトーヴクリニック院長の萩原優先生が理事長を務め、元・鈴鹿医療科学大学教授で心理学博士、臨床心理士の橋元慶男先生を副理事長として発足したこの学術団体は、既存の学会とは異なり、医療従事者や臨床心理士のみならず、在野のセラピストや催眠の研究家、教育者にも門戸を広げたことが最大の特徴です。

　私も微力ながら理事という立場で学会の運営に携わらせていただいておりますが、欧米諸国のように、医療や教育の現場において医師とヒプノセラピストが協力し合い、心と身体を統合してとらえる全人的医療、教育を実現するための橋渡しとなるように、学会を育てていきたいと考えています。

　さて、このように、日本における催眠やヒプノセラピー

に対する認識にダイナミックな変化が生じはじめた今、拙著の増補改訂版を出版することができる運びになったことは望外の喜びです。

今版では装いも新たに、初版でご好評をいただいた「プレ・トーク」による分かりやすい説明を加え、その他の部分につきましても、催眠になじみのない一般読者の「ヒプノセラピーとはどのような療法なのか？」という疑問に、できる限り明瞭に答えることを意識した改訂を行いました。

タイトルも『プレ・トークでよくわかるヒプノセラピー入門』と改めました。「ヒプノセラピー」というよりやわらかい言葉を使うことで催眠療法に親しんでいただくと同時に、この本が、催眠という素晴らしい癒しと自己変容の世界への「入門書」になればとの思いを込めました。

１人でも多くの方に手に取っていただき、ヒプノセラピー＝催眠療法の本当の姿を知っていただければ、著者としてこんなに嬉しいことはありません。

催眠療院・銀枝庵　院長
オムニ・ヒプノシス・トレーニング・センター東京®代表／認定講師
催眠療法士　藤野 敬介

本書は 2012 年に刊行された藤野敬介著『対話形式でよくわかる　こわくない催眠療法』(弊社刊) に
大幅な加筆修正を加え、増補改訂版として刊行したものです。

はじめに――ヒプノセラピーはこわくない

　この本は、これからヒプノセラピーを受けてみようと考えている人のために書かれたものです。

　本編で詳しく説明しますが、人は誰でも催眠にかかることができます。ヒプノセラピストの話す言葉を理解することさえできれば、その人は必ず深い催眠状態に入っていけます。

　ですが、実際には催眠にかからない人もいます。誰にでもかかるはずの催眠に、かからない人がいる。これは一体どういうことなのでしょうか？

　人が催眠にかかるのを妨げる最大の要因、それが恐怖心です。それは催眠に対する恐怖心かも知れませんし、セラピストに対する恐怖心かも知れません。あるいは、催眠にかかることで、他人に自分の心の奥底を覗かれてしまうのではないかという恐れを抱いているからかも知れません。いずれにせよ、恐怖心を持っている人には、催眠は絶対にかかりません。

　しかし、ほとんどの場合、こうした恐怖心は、催眠とヒプノセラピーに対する誤解から生み出されたものです。それらの誤解を解くことで、人は誰でも催眠状態に入り、そこで必要な変化を得ることができるようになるのです。

本書の内容は、私が院長を務める「催眠療院・銀枝庵」の通常セッションで初回時に行う、プレ・トーク（Pre-talk）と呼ばれる技法をベースとしたものです。これは30分ほどの時間をかけて、催眠とヒプノセラピーの仕組みをじっくりと説明するというものです。これを受けたクライアントさんのほとんどが、催眠とヒプノセラピーに対する誤解を解き、恐怖心をなくすことができるようになります。その結果、セラピーで必要とされる深さの催眠状態に、誰でもスムーズに入れるようになります。

　実際のプレ・トークは、それ自体が精妙な催眠誘導法となっており、ヒプノセラピストがさまざまな心理的技法と話術を駆使して行うことで最大限の効果を引き出します。ですから、本書でお伝えすることができるのは、プレ・トークのほんの一部分でしかありません。ですが、それは逆にプレ・トークのエッセンスを抽出したものであるともいえます。

　以下の各章を読むことで、「ヒプノセラピーに興味は持っているけれども、どうしてもあと一歩を踏み出せずにいる」というあなたが、心の底から安心して療院に足を運んでいただけるようになることが、本著の最大の目的です。

　そもそもプレ・トーク自体が、クライアントさんに催眠とヒプノセラピーをわかりやすい形でご説明させていただ

くことを目的に作られたものですから、本著でも、催眠の分野や心理学、精神医学、脳生理学等で用いられる難解な専門用語をできる限り使わずに説明を試みました。そのため、解説が大まかになってしまった部分も数多くございます。学術面から催眠とヒプノセラピーについてより詳しくお知りになりたい方は、専門書が多数出版されておりますので、そちらをご参照ください。

　ヒプノセラピーは大きな可能性を持った素晴らしい療法です。ですが、残念なことに、現在、クライアントさんとセラピストとを隔てる恐怖心や不安感や疑念といった壁は、私が考えている以上に高いものであると思われます。その壁を少しでも低くして、クライアントさんが「ヒプノセラピーってこわくないんだ」と思ってくださり、この素晴らしい療法をより身近に感じていただくことができれば、この本を世に問う価値があるのではないかと思います。

催眠療養院・銀枝庵　院長
オムニ・ヒプノシス・トレーニング・センター東京®代表／認定講師
催眠療法士　藤野 敬介

プレ・トークでよくわかる
ヒプノセラピー入門

もくじ

推薦のことば　イーハトーヴクリニック院長　萩原　優 —— 2
増補改訂版刊行に寄せて —— 4
はじめに——ヒプノセラピーはこわくない —— 8

Chapter 1
ヒプノセラピーの要　プレ・トーク

Section 1　どうしてプレ・トークが必要なのか？ —— 16
Section 2　紙上で再現！　プレ・トーク —— 21
　　　　　『顕在意識』と『潜在意識』と『無意識』 —— 21
　　　　　理性に基づいた思考のほとんどは誤っている？ —— 25
　　　　　意志の力は最初から続かないようにできている？ —— 32
　　　　　潜在意識はコンピューターのプログラム —— 38
　　　　　感情のコントロールは潜在意識の役目 —— 42
　　　　　トラブルは潜在意識の『防御機能』の暴走が原因 —— 49
　　　　　潜在意識の扉の鍵を開けるのがヒプノセラピストの仕事 —— 56
　　　　　ヒプノセラピストはプロのガイド —— 69
　　　　　催眠中に相手の秘密を知ることはできない —— 77
　　　　　『ステージ催眠』の秘密 —— 84
　　　　　ヒプノセラピーの成功率は『あなた次第』 —— 91

Chapter 2
ヒプノセラピーとはどのような療法なのか

Section 1　プレ・トークが必須である理由 —— 98
Section 2　まずは医師による診察、検査、診断を —— 102
Section 3　ヒプノセラピーの歴史 —— 105

もくじ

Section 4　ヒプノセラピストにできること ――115
Section 5　ヒプノセラピーはなぜ効くのか？ ――122

Chapter 3
ヒプノセラピー体験者による生の声
Section 1　実際に体験した人たちの話を聞いてみよう ――134
　　　　　Case 1　症状：うつ病 ――134
　　　　　Case 2　症状：強迫性障害 ――137
　　　　　Case 3　症状：うつ病 ――140
　　　　　Case 4　症状：産後うつ ――144
　　　　　Case 5　症状：低い自己肯定感と罪悪感、息苦しさ ――148
　　　　　Case 6　症状：対人関係がうまく築けない ――152
　　　　　Case 7　症状：ハーブアレルギー ――154
　　　　　Case 8　症状：過敏性腸症候群（IBS） ――157
　　　　　Case 9　目的：不眠 ――160
　　　　　Case 10　目的：吃音 ――164
　　　　　Case 11　目的：ダイエット ――169
　　　　　Case 12　目的：試験対策（TOEIC） ――174
　　　　　Case 13　目的：シュートの精度を上げたい ――179
　　　　　Case 14　目的：英会話の上達 ――182
　　　　　Case 15　目的：禁煙 ――186

Chapter 4
ヒプノセラピストのひとりごと
Section 1　私がヒプノセラピストになったわけ ――190

Section 2 　ジェリー・カイン師とオムニ・ヒプノシス・トレーニング・センター ——205
Section 3 　前世療法について ——212
Section 4 　ヒプノセラピーはお高い？ ——219
Section 5 　催眠療法は劇薬 ——223
Section 6 　私がカウンセリングに時間をかけない理由 ——227
Section 7 　ハードなヒプノセラピー、ソフトなヒプノセラピー ——235
Section 8 　催眠のイメージとは？ ——244
Section 9 　大学教員の立場で考える「教育催眠」の可能性 ——249
Section10　ヒプノセラピー先進国アメリカにおける病気へのアプローチ ——254
　　　　　①アルコール依存症 ——256
　　　　　②うつ病 ——259
　　　　　③がん等の難病 ——261
　　　　　④ヒプノ・バーシング ——266
Section11　日本医療催眠学会について ——270

最後の砦 ——273
おわりに ——276
巻末付録　デーブ・エルマン誘導法 ——278
主要参考文献 ——284

プレ・トークでよくわかる
ヒプノセラピー入門

Chapter 1

ヒプノセラピーの要
プレ・トーク

Section 1 | どうしてプレ・トークが必要なのか？

　プレ・トークは英語で Pre-talk と書きます。pre- は「前」を意味する接頭辞ですから、「ヒプノセラピーを行う前にさせていただくお話」ということになります。

　プレ・トークをカウンセリングと同じものだと思われているクライアントさんもいらっしゃいますが、実際はそうではありません。

　プレ・トークとは、ヒプノセラピストが初回セッション時に、催眠とヒプノセラピーの仕組みについてクライアントさんにさせていただく説明のことです。これは、催眠に対する知識の有無、セラピーの経験等に関係無く、すべての方にお受けいただきます。

　ではなぜ、こんなことをわざわざする必要があるのでしょうか？

「被験性」や「被暗示性」という言葉をご存知でしょうか？

　被験性とは、**人が催眠にどれだけ深く入ることができるかの度合い（深度）**、そして、被暗示性とは、**人が催眠暗示を受け入れる度合い**を意味します。催眠の世界では、この被験性と被暗示性というものが大変重要です。

　一般的に、催眠には３つの深度が存在すると考えられて

います。**「軽トランス」「中トランス」「深トランス」**の3つです。

　軽トランスは**「運動支配レベル」**とも呼ばれ、暗示によって瞼（まぶた）が開かない、両指がくっついて離れない、椅子から立てないなどの**主に筋肉に作用する現象**を起こすことができます。

　中トランスは**「感情支配レベル」**とも呼ばれ、暗示によって**味覚や感情を変化させたり**、**健忘（けんぼう）などの現象**を起こすことができます。

　最後の深トランスは**「記憶支配レベル」**とも呼ばれ、**自分の名前を忘れてしまう、時間が止まってその間のことを覚えていないといった現象（フリーズ現象）を引き起こしたり**、さらには、**被験者が幻覚を見る**ことができるようにもなります。

　人が10人いれば、その中で軽トランスまで入るのが7〜8名、中トランスが5〜6名、深トランスまで到達する人は2〜3名の割合だと一般的には考えられています。

　被験性、被暗示性は、ヒプノセラピーにおいても重要なファクターです。セラピストにはそれぞれのスタイルがあり、人によっては軽トランスあるいは中トランスレベルまで深化させることができれば、セラピーは成功するとのお考えの方もいらっしゃいます。

ですが、私自身は、ヒプノセラピーを通じてクライアントさんが必要な変化を得るためには、深トランスまでの誘導が不可欠であるとの立場をとっています。

　しかし、そうなると10人のうち2〜3人にしかセラピーを施すことができないということになってしまいます。これでは、ほとんどの人はヒプノセラピーを受けても何の効果も得ることができません。

　そこで登場するのがプレ・トークです。実は、クライアントさんの被験性、被暗示性は、プレ・トークを行うことによって大幅に増すのです。私の療院でもほとんどのクライアントさんがプレ・トークの後、深トランスのレベルまで何の問題もなく入っていかれます。

　さて、本書の目的は「ヒプノセラピーに興味は持っているけれども、どうしてもあと一歩を踏み出せずにいる」という方々に、安心してセラピーを受けていただけるように必要な情報を提供することにあります。

　そのための最良の方法を模索してきましたが、最終的には、私が普段行っているプレ・トークをベースに、その内容を抽出したエッセンスのようなものをお届けすることが一番であろうとの考えに至りました。

「はじめに」のところにも書きましたが、**人が催眠にかからないのは、その人が催眠やヒプノセラピーに対して恐怖**

心を持っていることが主な要因です。そして、プレ・トークはその恐怖心を取り除くことを目的に作られています。

実はプレ・トークは、それ自体が大変高度な催眠誘導になっています。初回セッションのどのタイミングで行うのか、そしてどのような形で説明を行うのか、発声や発音、暗示文のプレゼンテーションなど細かいところまで計算を尽くした上で行われます。

また、クライアントさんの年齢、性別、健康状態、ご相談内容に合わせて説明の内容を変えるなど、柔軟性をもった対応を心掛けています。

催眠ではかける側とかかる側との間のラポール（心の同調による信頼関係）が不可欠であるといわれますが、私はこのプレ・トークを通じて強固なラポール形成を試みます。

ですから、本来であれば、プレ・トークは実際のセッションの中でこそ、その真価を発揮するものなのです。しかし、そのセッションを行うためには、クライアントさんに療院まで足を運んでいただかなくてはなりません。

これから紹介するプレ・トークを読んでいただくだけではラポール形成も催眠誘導もできないかもしれませんが、読者のみなさんの恐怖心を和らげ、「それじゃあ一度ヒプノセラピーを試してみようか」というお気持ちになっていただくことは可能であると思います。

Chapter 1 ヒプノセラピーの要――プレ・トーク

なお、本章を執筆するにあたっては、単に説明内容を文章化するのではなく、実際のプレ・トークをセラピスト（私）とクライアントさんとの対話形式で再現する形をとりました。

　また、通常のセッションでは、一通り説明を終えた後に質疑応答の時間を設けるのですが、本章ではこれまでにクライアントさんから寄せられた質問の中から頻度の高かったものを選び出して、それを本文中に織り込みました。こうすることで、よりわかりやすく、ライブ感あふれるプレ・トークを再現できたと思います。

　なお、プレ・トークの内容は、文書化するにあたって実際に療院で行っているものから割愛した部分もありますし、逆に説明を加えている部分もあります。

Section 2 | 紙上で再現！プレ・トーク

《登場人物》

ヒプノセラピスト
藤野

クライアント
ダイエット目的で
銀枝庵を訪れた女性
クライアント

『顕在意識』と『潜在意識』と『無意識』

「こんにちは。ヒプノセラピストの藤野です。初回セッションをはじめる前に、少々お時間を頂戴して、ヒプノセラピーについてお話しさせていただきたいと思います。この説明を通じて、今、あなたのお気持ちの中にあるヒプノセラピーについての疑問、質問の多くに答えることができるかと思います」

「どうぞよろしくお願いします」

「クリップボードとメモを用意しておきましたので、もし何かご質問があればそちらに書き込んでおいてください。もちろん、その場で尋ね

ていただいても構いません」

「はい、わかりました」

「さて、まずは、人の心がどのように働くのかを学んでいただくことからはじめましょう。ヒプノセラピーを理解するためには、心の構造を知ることが不可欠だからです。
　私たちの心は、3つの独立した働きを持つパートに分かれています、それぞれ『顕在意識（けんざいいしき）』『潜在意識（せんざいいしき）』『無意識（むいしき）』という名前がつけられています。
　これまでに、こうした言葉を聞いたことはありますか？」

（うなずく）

「実に興味深いことなのですが、これらのパートは、普段、連携を取ることやコミュニケーションを苦手としています」

「コミュニケーションを苦手にしているってどういうことですか？」

「簡単にいえば、お互いに干渉することを嫌っているということです。

　例えば、**顕在意識は普段、潜在意識の存在に気付くことはほとんどありませんし、逆に潜在意識は顕在意識のやることにまったくといっていいほど興味を示しません。無意識にいたっては**、その名のとおり**意識の奥底に沈み込んだまま**です」

「関係が断絶しているってことですか？」

「そうではありません。深いところでは常につながっていますし、必要に迫られれば一緒に働くこともあるのです。これについては、後で詳しく説明いたします」

「はい」

「さて、今、この瞬間、私たちは『顕在意識』のレベルにいます。あなたと私は顕在意識上でコミュニケーションを取っているのです。

この顕在意識の下に、『潜在意識』と呼ばれるパートがあります。そして、さらにその下には『無意識』が存在します。

この**無意識という部分には、基本的に3つの機能**があるといわれています。

1つ目は、私たちの**身体の免疫系のコントロール**です。免疫系は、自律神経系と内分泌系と情報を共有し、外界からの侵害に対して自己を防衛し内部環境を一定に保とうとします。簡単にいうと、**無意識は免疫機能の司令塔の役割を果たすのです。

2つ目は、自律的な体内機能**、例えば心臓の鼓動や瞼の開閉ですとか、**人間が生命を維持するために最低限必要な運動や機能のコントロール**です。

3つ目は、**過去生の記憶を司る**ことです。それが遺伝子レベルで行われるのか、魂のレベルで行われるのかはわかりませんが、無意識でそのコントロールを行っていると、ヒプノセラ

ピーでは考えます」

「大事な部分なのですね」

「そうです。無意識がきちんと仕事をしてくれないと、私たちは生命を維持することができません。しかし、このパートは、実はヒプノセラピーにはあまり関係のない部分なのです。ですから、今は忘れていただいてもかまいません」

「わかりました」

理性に基づいた思考のほとんどは誤っている？

「さあ、それでは改めて、私たちが生きている時間のほとんどを過ごしている顕在意識のレベルから説明いたします。

　顕在意識には４つの機能があります。それらは『**分析的思考**』『**理性的思考**』『**意志の力**』『**ワーキング・メモリー**』と呼ばれています。

　まずは、『分析的思考』です。**分析的思考とは、人が直面する事柄を見つめ、それについて考え**

を巡らし、その対応策を見つけだす行為を意味します。

　例えば、あなたが車を運転していて急にタイヤがパンクしたとしましょう。そのような状況に直面したとき、あなたならどうしますか?」

「まずは車を安全な場所に停めて、車から降りて、タイヤの状態を確認します。それから、私にはスペア・タイヤの交換は無理だと思うので、スマホで助けを求めます」

「ええ、そうした行動をあなたは自然に行うことができるのですが、それを可能にしているのが分析的思考です。実際、私たちは普段の何気ない1日を過ごすために、ありとあらゆる分析的思考を行い、何百、何千もの判断を行っています。通常それらの判断は瞬時に下されるので、わざわざ分析しているという感覚を持つことはほとんどありませんが、私たちの行動はすべて、分析的思考を経た上で行われているのです」

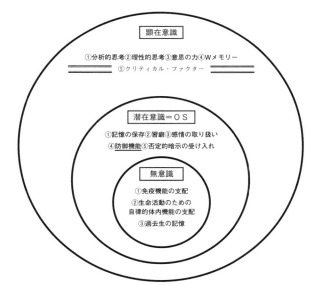

図：あなたの心の仕組み

「う〜ん、確かに、いちいちそうした判断を下しているという感覚はありません。

　ですが、改めて指摘されると、私たちは分析と判断をせずに生活を行うことが不可能であるということは何となく理解できます」

「そのとおりです。さて、顕在意識の２つ目の機能の説明に移りましょう。それは『理性的思考』と呼ばれます。

　理性的思考とは、私たちがどうしてある特定の行動をとるに至ったのか、その理由を顕在意識が私たちに与えることを意味します。

　これは大変重要な仕事です。と、いうのも、もし私たちが自分たちの言動について、『どうしてそれをするのか』という明確な理由を持てなかったとしたら、私たちの心は不安で一杯になってしまうからです」

「え、そうなんですか？」

「そうですよ。それどころか、その不安が長く続くと、人は深刻な心の病を患ってしまいます。

病院の精神科、心療内科のことを考えてみてください。そこには、『どうしてそんなことをいってしまうのか、どうしてそんな行動をとってしまうのかを、自分自身でも理解できない、説明できない』という患者さんたちで溢れています」

「なるほど、そういわれるとよくわかります」

「このように、理性的思考は、私たちが生きていくために必要な機能ではあるのですが、一方で大きな問題も抱えています。
　それは、理性的思考が私たちの取る行動に対して与える理由というのが、多くの場合誤りであるということです」

「ちょっと待ってください！　これは理性的思考の話ですよね？　理性に基づいて行った思考のほとんどが誤り……つまり、嘘だというのですか？」

「実はそうなんです。私はある喫煙者にたばこを吸う理由を尋ねてみたことがあります。
　すると、その人はこう答えました。『私がど

うしてたばこを吸うのかですって？　それは、気分が落ち着いて、リラックスできるからです。ストレス解消のためですよ』

　さあ、今の言葉を考えてみてください。あなたは、これが、この人がたばこを吸い続けている本当の理由だと思いますか？」

「そうだと思いますが……」

「もう一度よく考えてみてください。たばこの主成分は強力な刺激物であるニコチンです。リラックスするために刺激物を摂取するなんて、徹夜をするために睡眠薬を飲むようなものです（笑）。ところで、あなたはたばこをお吸いになりますか？」

「普段吸いませんが、吸ったことはあります」

「喫煙したことがあるのなら、はじめてたばこを吸ったときのことを覚えているでしょう。のどはむせ、頭はくらくらして、しびれるような気持ちの悪い味が舌に残って消えない……一体、

これのどこが『気分が落ち着いて』『リラックス』した状態なのでしょうか？」

「確かにはじめてたばこを吸ったときは、皆、どうしてこんなにまずいものを口にしているんだろうって驚きました（笑）」

「実は、人がたばこを吸うようになる理由には、心理学でいうところの口唇期に、口唇要求（口からの栄養、愛情などを求める要求）が満たされなかったことによる影響や、幼い頃の出来事、いわゆる『トラウマ』が関連していることがほとんどなのです。ですが、そうした不満感やトラウマは顕在意識のレベルでは忘れてしまっていることが多く、たとえ覚えていたとしてもその複雑なメカニズムを説明することは大変面倒なことです。ですから、理性的思考は『ストレス解消』や『一服がたまらない』といった、わかりやすく、もっともらしい理由を代わりに与えることで、喫煙を肯定しようとするのです。

このように、理性的思考は最も効率的なやり方で、人の心が不安で一杯になってしまう前に、

Chapter 1 ヒプノセラピーの要——プレ・トーク

その言動を片っ端から説明していきます。

　この場合、理性的であるということは、あらゆる手段を用いてつじつまをあわすことを意味します。ですから、理性的判断が与える理由には、実にもっともらしいものが多いのです。

　しかし、それは、もっともらしいだけであって、その言動の本当の理由なのかというと、そうでない場合がほとんどなのです。理性的思考が私たちの言動に対して与える理由は、いつだって後出しです。このことは大変重要ですからしっかりと覚えておいてください」

「はい。わかりました」

意志の力は最初から続かないようにできている？

「さて、顕在意識の3番目の機能は、私たちが『意志の力』と呼んでいるものです。最近お腹回りのぜい肉が気になっているおとうさんが、家族の前で『パパは絶対に5kg痩せるからね！』と高らかに宣言したとします。ここではおとうさんの意志の力が働いています。です

が、その力がどのくらい長い間続くのか、あなたにならわかりますよね？」

「先生ったらずいぶんといじわるですね。ええ、どうせ私は何度もダイエットを失敗していますよ！」

「ちょ、ちょ、ちょっと、誤解しないでください！　私は、あなたを責めているわけではありませんよ（汗）。
　私がいいたいのはつまり、意思の力というのは、そもそもその程度の力しか持っていないということなのです。
　あなたは何度かダイエットに失敗したとおっしゃいましたが、これまでにどんなダイエット法を試したのですか？」

「甘いものを控えたり、朝食を抜いたりしたことがあります。
　スポーツジムで泳いでいたこともありましたけど、いつの間にか通わなくなって退会してしまいました」

「そう、そのどれもが効果が出るまで続けることができなかった。そうではありませんか？」

（うなずく）

「そうなんです！ 人がどれだけ強く意志の力を示したとしても、その力は時間に比例して弱くなり、昔の習慣のパターンが必ず戻ってきてしまいます。
　これはあなたが悪いのではなく、**意志の力というものは最初から続かないようにできている**のです」

「でもダイエットに成功している人もいますよ」

「そういった人たちは、意志の力だけでダイエットを成功させたのではありません。俳優やモデルのように仕事の必要に迫られたり、あるいは『結婚式までに絶対に〇〇kg痩せてあのドレスを着てみせる！』といった強いモチベーションのおかげで、意志の力を断続的に利用することができたのです。

モチベーションというのは、潜在意識の中に外から入れられた強力な肯定的暗示です。後ほど詳しく説明しますが、通常、人の心は肯定的暗示をそう簡単には受け入れないのです。だからこそ、モチベーションとはそんな人間の心の性質を超えるだけの強い暗示だということがいえます。しかし、それと比較して単なる意志の力は悲しいほど弱い……。

　意志の力の本当の力量をここで知っておくことは大変重要なことです。なぜなら、あなたは、これまでにダイエットに失敗してきたのは自分の意志が弱かったせいだと、ご自身を責め続けてきたのではありませんか？」

（何度もうなずく）

「そう、あなただけではありません。多くの人が自らの悩みを意志の力で克服しようとして失敗し、そのために罪の意識すら感じるようになっている。

　周囲の人間から『あなたが悩みを解決できないのは、あなたの意志が弱いせいだ』といわれ

続けて、自分がだらしのない、無価値な、ダメ人間だと思うようになってしまっている。そうではありませんか？」

「（思わず目から涙がこぼれ落ちる）はい」

「そんなことはナンセンスです！　なぜなら、意志の力はそもそも弱いからです。
　意志の力でたばこを断つことはできません。意志の力でダイエットはできません。意志の力でうつは治りません。ですから、あなたもご自身を責めることは決してしないでくださいね」

「（ハンカチで涙を拭いながら）わかりました」

「さあ、それでは気を取り直して、顕在意識の４番目の機能を説明しましょう！
　私たちはそれをワーキング・メモリー、日本語で作業記憶あるいは作動記憶と呼んでいます。
　これは、**人が日常生活を送るために必要とする短期記憶**を意味します。自分の電話番号、家族の名前、銀行の暗証番号、職場から自宅への

帰り方、等々……日々の生活に最低限必要な情報を記憶しておくのがワーキング・メモリーです。

　これはメモリーというだけあって、コンピューターのメモリととてもよく似ています。

　コンピューターの画面上で作業を行うとき、私たちはいちいちハードディスクのすべてのデータにアクセスして処理を行うわけではありません。そんなことをしていたら、スピードが遅くなって仕事になりません。そこで、ハードディスクから一時的に必要なデータのみをメモリに移し、必要な処理を行った後で、ハードディスクに再保存するのです。

　私たちの記憶というのは膨大な容量を持ったハードディスクのようなものです。そこから日常生活で必要とする情報のみを一時的に顕在意識のワーキング・メモリーに移動させ、そこですべての作業を行うのです。

　以上４つが、顕在意識の機能です。

　さて、次に顕在意識の下のレベル、潜在意識の説明に移りたいと思うのですが、ちょっと休憩を入れたほうがいいかもしれませんね」

「そうさせてください(笑)」

潜在意識はコンピューターのプログラム

(休憩終了後)

「さあ、それではプレ・トークを再開しましょう。
　先ほど、私たちが普段のほとんどの時間をこの顕在意識のレベルで過ごしているといいましたが、それは本当のあなたが顕在意識にいるという意味ではありません。

　ただ、あなたはそこで多くの時間を過ごしているだけであって、本当の居場所は別のところにあります。職場で1日のほとんどの時間を過ごしているといっても、職場はあなたの家ではありません。それと同じことです。

　本当のあなたが住んでいる家、それは顕在意識の下のレベル、潜在意識と呼ばれるところにあります。

　実は、この潜在意識というのは、とてつもないパワーを持っています。それはあなたを、なりたい自分にしてしまうだけの力を持っている

のです。

　金持ち／貧乏、健康／病気、肥満／痩身、幸福／絶望……すべての現実における「在り様」は、潜在意識から生まれてきます。本当の自分がいる場所であるからこそ、潜在意識は万能なのです」

「そんな力があるなんて、正直、信じられません」

「徐々にその凄さがわかってきますよ。
　さて、この潜在意識の働きは、コンピューターのそれに驚くほどよく似ています。
　コンピューターというのは、買った直後はただの箱に過ぎません。そこにオペレーティング・システム（OS）という基本ソフト、つまりプログラムを入れ、そのプログラム上で別のプログラムを動かすことで、数多くの機能を使うことができるようになるのです。実は、あなたの潜在意識も、これと全く同じ仕組みで働きます。
　あなたが生まれたとき、あなたの内部にある潜在意識というコンピューターには、OSにあたる基本的なプログラム以外は何も入れられて

Chapter 1　ヒプノセラピーの要──プレ・トーク

いません。ですが、あなたはその後の人生を通じて、日々新しいソフトを取り入れ、あなた自身をプログラミングしていきます。

　先ほど、私が『潜在意識は本当の自分がいる場所』といったことを覚えていますか？そう、このコンピューターはあなたそのものなのです。

　あなたという人は、あなたというコンピューターにインストールされた数々のソフト＝プログラムそのものであって、消去されたり、上書きがなされない限り、そのソフト＝プログラムはあなたが死ぬまでそこに残って影響を与え続けます！

　例えば、あなたの内部にあるコンピューターが、『喫煙』というプログラムを受け入れたとします。すると、あなたはそのプログラムに則って煙草を吸いはじめます。

　次に、『肥満』というプログラムを受け入れたとします。すると、あなたはこのプログラムのとおりに太りはじめます。

『健康』というプログラムがインストールされれば健康になり、その後『病気』というプログラムによってそれが上書きされれば必ず病気に

なります。

あなたというコンピューターはプログラムを次々と加えていき、そのプログラムによってあなたがどのような人間になり、どのような人生を送ることになるのかが決まります。

これらのプログラムは、あなたの潜在意識に、様々なルートを経て注入されたもので、それがどんな種類のプログラムであっても、必ずそれに従わなければならないのです」

「例外はないのですか？」

「ありません。潜在意識はプログラムそのものなのです。

さて、あなたが生まれたとき、あなたというコンピューターには、すでにOSがインストールされているのですが、これには重要な5つの機能が与えられています。

それらは『記憶の保存』『習癖(しゅうへき)』『感情の取り扱い』『防御機能』『否定的暗示の受け入れ』と呼ばれています。ここで、それぞれの機能について説明することにしましょう」

「お願いします」

感情のコントロールは潜在意識の役目

「まずは『記憶の保存』です。このOSには、**あなたが生まれてからこれまでの、現実あるいは想像上のすべての記憶を保存する機能**があるのです。

　もちろん、普段のあなたが、そうした記憶を思い出すことはありません。少し前の出来事や、普段生活するのに必要な情報、そしてそれこそ『忘れられない思い出』は心に留めているものの、それ以外の記憶の多くをなくしてしまっているとあなたは思っているはずです」

（うなずく）

「ここで、ワーキング・メモリーのことを思い出してください。

　今、あなたが持っている記憶は、顕在意識のレベルで作業を行うために一時的にメモリ上に移されたデータに過ぎないのです。それ以外の

すべてのデータは、ハードディスク、つまりあなたの潜在意識の中に残されているのです。

　あなたにこれまで起こったことのすべて——、あなたが見たもの、聞いたもの、触れたもの、匂ったもの、味わったもののすべてが、あなたの潜在意識の記憶の保管庫に保存されています。あなたには、何1つとして忘れているものはありません」

「すべての記憶が残っているというのですか？」

「あなたが生まれてからこれまでの、すべての記憶です。そして、信じられないかもしれませんが、催眠を使うことで、その記憶の保管庫にアクセスすることもできるのですよ」

「本当ですか？」

「本当です。例えば、退行催眠（hypnotic regression）と呼ばれるテクニックがあるのですが、それを施すと、あなたはこの保管庫にある記憶の中に入っていき、あたかも時間を遡っ

ていくかのような感覚を得ます。そして、ご自身の誕生の瞬間やこれまでに一番楽しかった日へと旅をして、その時間を再び生きることができるようになります。

そうです、これは単に過去の記憶を呼び戻す以上のことなのです。あなたは、あなた自身の記憶の海の中で、退行催眠を受けている間、その時間を再び生きなおすのです」

「催眠でそんなことができるんですか……驚きです!」

「説明を続けましょう。OSの第2の機能、それは『習癖』、すなわち、癖です。

癖というのは、ある特定の刺激と現象とを結ぶ糸のようなものです。例えば、食後に一服したくなるというのは、満腹という刺激と喫煙という行為とが癖という糸によって結ばれているからだと考えてください。

ですから、癖というのは人の行動の原因にはなり得ません。よく「これは癖だからどうにもなりませんよね?」とあきらめ口調でいう人が

いますが、実は癖の修正はさほど難しいものではありません。

　ヒプノセラピーで癖の修正を扱うときには、イメージを多用します。潜在意識というのはイメージが大好きなのです。私はよく、催眠状態に入ったクライアントさんに『はさみ』をイメージしてもらいます。それから、そのはさみで癖という糸を切断してもらうのです。実に面白いことですが、クライアントさんの中には『ブチッと糸が切れる音をはっきりと聞いた！』といわれる方もいらっしゃいます」

「面白いですね〜」

「さあ、次に進みましょう。『感情の取り扱い』というのが、OS第3の機能です。

　意外に思われるかもしれませんが、実は**顕在意識では感情を取り扱うことはできない**のです。

　人の感情を扱うことができるのは、潜在意識のみです。それが、愛や思いやりといったポジティブな感情であっても、怒りや悲しみといったネガティブな感情であっても同じです。

顕在意識では、どのような形であっても感情を取り扱うことができません。それは顕在意識の本来の機能ではないからです」

「えっ、でも、自分が悲しかったり嬉しかったりしたとき、ちゃんと顕在意識でわかっていたとは思うのですが」

「もちろん、顕在意識は感情を認識することはできます。ただ、それを取り扱うことができないのです。

　あなたの心が感情に突き動かされるとき、それは顕在意識をスルーして、潜在意識にダイレクトに入ります。このとき、顕在意識には感情の流れをコントロールすることはできません。

　あなたは激情にまかせて言葉を放ってしまった後、『どうしてあんなことをいってしまったのだろう？』と後悔したことはありませんか？」

（うなずく）

「これこそが、顕在意識が感情をコントロールできないことの証拠なのです。あなたの心が強い感情に支配されているとき、それに対処するのは潜在意識の役目なのです。このとき、潜在意識と入れ替わる形で、顕在意識の力は弱まります。
『ついカッとなって』なんていい方をしますね。『カッとなる』つまり怒りの感情がそこにあることを顕在意識はわかっています。しかし、だからといって何もすることができないのです。
　やがて、感情の波が去り、役目を終えた潜在意識の力が弱まると、顕在意識があなたの心のコントロールを再び取り戻します。そのときになってはじめて、分析的かつ理性的な顕在意識を使って、ようやく後悔をすることができるようになるのです」

「と、いうことは、潜在意識が優位になるとトラブルが起きやすくなるのでしょうか？」

「そうともいえますし、そうでないともいえます。例えば、先ほどのあなたの後悔の言葉を

聞きながら、潜在意識は恐らく笑いながらこういっているはずです。

『確かにそうだろうけどさ、どうだい、いいたいことをいって、気分はスッキリしただろ！』と。

　実は潜在意識というのは本能的な、不合理で大変子どもっぽい性質を持っているのです。顕在意識のように、礼儀や、自分の立場をわきまえたり、他者の気持ちを慮ったりといったことを、潜在意識は一切行いません。そして、それがネガティブな方向に働くと、そのことがしばしばトラブルを引き起こします。

　しかし、逆にポジティブな感情を扱う場合には、それがプラスに作用することも多いのです。

　例えば、会いたくて、会いたくてたまらなかった人についに会うことができた。そのとき、普段だったら（顕在意識が優位だったら）周りの目を気にして絶対にできないのに、思わず相手に抱きついてしまった。これは潜在意識が喜びの感情に素直に反応してくれたからこその行動です。

　こういうの、ちょっと素敵ですよね」

「そうですね。嬉しいトラブルですね(笑)」

トラブルは潜在意識の『防御機能』の暴走が原因

「さて、次にOS第4の機能の説明をしますが、実はここがヒプノセラピーを理解するために最も重要な部分になります。それを私たちは潜在意識の『防御機能』と呼びます。

　この防御機能は、現実の、あるいは想像上のありとあらゆる危険からあなたを守るための機能です」

「え？　想像上ということは、本当の危険でなくてもよいということなのですか？」

「そうです、潜在意識にとっては現実も想像(妄想)も違いはありません。危険は危険であると認識するのです。

　そして、**危険を感じると、潜在意識はどのような手段を使ってでもあなたを守ろうとします。**

　防御機能がどのように働くのか、その具体例を1つ紹介します。私の師匠であるアメリカ人

ヒプノセラピスト、ジェリー・カイン師のクライアントさんのお話です。

彼女は165cmの身長で、ほとんど150kgに近い巨体でした。彼女はダイエットを目的に、カイン師のもとを訪れました。

プレ・トークを行った後で退行催眠をかけてみると、彼女が6歳のときに、義理の父親から性的虐待を受けていたことがわかりました。

当時、幼い彼女はそのことを母親に告げたのですが、母親は彼女を信じようとはせず、逆に彼女を『嘘つき』となじり、きつく叱りつけました。そのことで彼女は、自分が何か悪いことをしたかのような強い罪悪感を持ちました。

けれども、成長するにつれて、彼女はそのことをすっかり忘れてしまいました。この時点では、彼女はまだ太ってはいませんでした。

やがて、思春期を迎えたころから、彼女は奇妙な自意識を持つようになりました。

彼女はどちらかといえば地味で、相当に奥手であったにもかかわらず、自分が必要以上に性的魅力を周囲に振りまいているのではないかという、罪の意識にも似た想いにとらわれるよう

になったのです。同時に、クラスメートの男子生徒たちが、常に自分を傷つけようと狙っているのではないかという恐れも抱いていました。

　しかし、この時点でもまだ、彼女は太ってはいませんでした。

　24歳のとき、彼女は『白馬の王子様』と出会い、結婚しました。彼は交際中、彼女を傷つけるような言動を一切とりませんでした。彼女は彼を100パーセント信頼し、やがて2人は結ばれました。

　南の島へハネムーンに出かけた2人は、ある晩、海辺のレストランで食事をしていました。そのとき彼は突然、自分がどれだけ彼女のことを愛しているのかを示したいという衝動に駆られました。彼女の前で自分のこれまでの罪をすべて告白することで、自らの真実の愛を証明しようと考えたのです。

　彼は語りはじめました。19歳の頃、空軍に所属していた彼は、ドイツの基地に配属されていました。そこで、彼は何人かの女性と出会い、性処理の対象として利用し、捨てたのです。でも、帰国してから彼女と出会い、本当の愛とは

何かを知り、自分は生まれ変わったのだと彼は彼女に告げました。

　これを聞いた彼女は、ショックを受けたものの、彼の告白を受け入れました。それが彼なりの愛情の証であることを理解していたからです。

　しかし、ハネムーンから帰宅した頃から、彼女の体重は加速度的に増えはじめました。そして、１年を経たずに今の姿になってしまったのです。

　彼女が太りはじめるきっかけを作ったのが、彼の告白であったことは間違いありません」

「え、でも、彼女は彼の告白と愛を受け入れたのでは？」

「そう、確かに彼女は受け入れたのです。ただし、それは彼女の顕在意識が受け入れたに過ぎなかったのです」

「あ、なるほど！」

「あの告白の場面で、理性的判断を用いて彼の告白を受け入れた顕在意識の下で、彼女の潜在意識がフル回転をしはじめました。
『自分が誰よりも信頼できると思っていた男が、他の女性に対してこのようなことをしていたなんて！』
　そして、彼女の心が叫び声を上げた瞬間、潜在意識の防御機能のスイッチが入ったのです。
　自身の記憶の保管庫をスキャンしながら、彼女の潜在意識は次のように考えます。
『義理の父親は私を性的に虐待した。クラスメートの男子学生たちは私を傷つけようと狙っていた。そして今、他の誰よりも私が信頼できると信じていた夫が、他の女性に対してひどい仕打ちをしていたことがわかった。それならば、この夫も、やがて私を傷つけるようになるのではないか？』
　そして、次の瞬間、潜在意識はこう結論付けます。
『男というものは、それが誰であっても、女である私を傷つけるものなのだ。ならば、私は世の中のすべての男から私自身を守らなければな

らない！』」

「ちょっと短絡的ではありませんか？」

「まったくもって短絡的です（笑）。しかし、先ほど私が説明したとおり、潜在意識というのはそもそも短絡的かつ直情的なのです。
　これが理性、つまり顕在意識のレベルで処理されたのであれば、彼女ももう少し冷静に対処することができたでしょう。
　例えば、夫としっかり話し合うなどの方法で自分自身を守ろうとしたはずです。
　しかし、防御機能のスイッチが入った潜在意識は、自分にできる一番効果的かつ効率的な方法で、彼女の女性の部分を守ることにしました。それが、彼女を急速に太らせることだったのです」

「えっ、どうしてそうなるんですか？」

「彼女は太りに太りました。夫を含む、すべての男たちが彼女を醜いと感じ、異性として興味を持たなくなるほどに。彼女は潜在意識の活躍

によって、見事に守られたのです！」

「そんな……ひどい！」

「確かに理不尽ですよね。潜在意識の防御機能は、ときにはこのような不合理な形で暴走します。
　ですが、潜在意識に罪はないのです。それは自らの仕事を着実にこなしただけなのです。彼女を守るというミッションを完璧に遂行したのです。例えそれが、彼女の顕在意識が望まないやり方であっても！」

「……（考え込んだ様子）」

「私がこの潜在意識の防御機能がヒプノセラピーにとって最も大事な部分であるといったのは、**セラピストが扱う問題の多くが、この防御機能の暴走あるいは過剰反応によって引き起こされている**からです。もちろん、医学的には根拠のないことだといわれてしまうかもしれませんが、私たちヒプノセラピストはそのように考えます。

繰り返しになりますが、潜在意識に罪はないのです。それはあなたを守るために一生懸命頑張ってくれているのです。

　しかし、普段私たちがほとんどの時間を過ごす顕在意識のレベルで、その頑張りが歓迎されないような事態がたびたび起こります。潜在意識の必死の努力が、結果的に私たちを不幸にしていることがあるのです。

　ですから、**何がその人の潜在意識のスイッチを入れ、作動した防御機能がどのような形で顕在意識レベルの心と身体にトラブルを引き起こしているのかを正確に把握することから、ヒプノセラピーははじまります。**そして、**潜在意識に対して必要な調整を行うのです**」

「少しずつですが、ヒプノセラピーがどうして効果があるのかがわかってきたような気がします」

潜在意識の扉の鍵を開けるのがヒプノセラピストの仕事

「ありがとうございます。それでは、内部OSの説明を続けましょう。

OSの5つ目、そして最後の機能は『否定的暗示の受け入れ』です。

潜在意識はいざ働くとなると大変な力を発揮しますが、普段は信じられないほど仕事をしません。あなたの心の中でもっとも怠け者の部分、それが潜在意識なのです。

よく、ポジティブ・シンキングの大切さということがいわれますが、鏡の中の自分を見つめながら『自分は成功する、自分は成功する……』という暗示を繰り返して本当に成功した人が、世の中にどれだけいるのでしょうか？

実際、ポジティブ・シンキングを推奨する本や講座では、1日に何百回も成功暗示を唱える必要があると教えています。そこまでやらないと潜在意識がポジティブ＝肯定的な暗示に反応しないのです。

このプレ・トークの一番はじめに、人間の心の3つのパートはお互いにコミュニケーションを取ることを苦手にしているといったことを覚えているでしょうか？

ポジティブな暗示というのは、通常は顕在意識上で作られます。例えば、成功暗示というも

のは、自分にとっての成功が何であるのかという理性的思考抜きに生み出すことはできません。

しかし、その暗示が顕在意識から生み出されたものである以上、潜在意識はそのことにあまり興味を示さないのです。

ところが、**否定的暗示、つまり、ネガティブな暗示は、いとも簡単に潜在意識に入り込んでしまいます。**このメカニズムを知るためには、OSのある機能について思い出す必要があります」

「わかります。『感情の取り扱い』ですね」

「そのとおり！ あの場では、人の感情を扱うのは顕在意識ではなく、潜在意識であるとの説明をしました。**感情を掻き立てられるような状況下では、顕在意識よりも潜在意識が優位に働く**というわけです。

ネガティブな暗示というのは、それ自体がショッキングなものです。そして、ショックというのは感情そのものです。恐怖や嫌悪といった強い感情が、否定的暗示にはたっぷりと含まれています。そのため、そうした暗示には潜在

意識が敏感に反応し、それを取り込み、必要に応じて防御機能を発動させてしまうのです。

　さらには、潜在意識には言葉をその文言のとおり受け止める性質があることも覚えておく必要があります。

　よくあることですが、親が自分の子どもを他人に紹介する際に『本当にできの悪いバカ息子で』と目を細めながらいうことがあります。もちろん、親は愛情を込めていっているのですが、潜在意識は文字どおりに受け取ってしまいます。すると、その子は『自分はできの悪いバカなのだ』と信じてしまうのです。

　普通は、別の機会に親が子どもを大いにほめることもあるでしょうから、子どもの自尊心はバランスを保つことができるようになります。ですが、親から一切ほめられることなく育てられた子の潜在意識には『自分には価値がない』というネガティブな感情が刻まれてしまいます。そして、それが積み重なると防御機能のスイッチが入ってしまうことがあるのです」

「ネガティブな暗示が潜在意識に入る仕組みはよくわかりました。ですが、ポジティブな暗示はどうなのでしょう？ 数百回唱える以外に、肯定的な暗示を潜在意識に入れる方法はないのでしょうか？」

「もちろん、そんなことはありません。しかし、その方法を説明する前に、もう一度だけ潜在意識のプログラミングについて確認をしておきましょう。

　もし、あるプログラムが潜在意識の中に入ることを許されたら、それは必ず実現します。プログラムとはあなたそのものですから、必然的にあなたに変化が訪れるはずです。しかし、これがそう簡単にはいかないのです。

　実は、私がまだあなたに話していなかった、顕在意識のもう1つのパートがあるのです。それは『クリティカル・ファクター (critical factor)』と呼ばれます。

　クリティカル・ファクターは、「意識の壁」や「心の障壁」なんていわれ方もしますが、これは顕在意識と潜在意識との間に横たわる城壁

の門番のような役割を果たしています。この門番は潜在意識の支配下にあるのですが、立っているのが門の反対側、つまり顕在意識の側であるため、顕在意識の一部、つまり5番目のパートとして扱われます。

　この門番は、主人である**潜在意識から『ポジティブな暗示をこの門から先には絶対に通すな』という命令を与えられています。**

　思い出してください。もし、暗示、つまりプログラムが門の内側に入れば、潜在意識はそれを実現させるために一生懸命に働かなくてはなりません。そして、潜在意識というのは、基本的に怠け者なのです。

　しかし、この**クリティカル・ファクターという屈強な門番のガードをすり抜け、潜在意識の中にポジティブな暗示を送り込む有効な方法が存在するのです。それが、催眠（hypnosis）な**のです！」

「やっと催眠という言葉が出てきました（笑）」

「お待たせしました(笑)。さて、催眠とは、あなたが必要とするプログラムを潜在意識のコンピューターにインストールするための最大の障害となっているクリティカル・ファクターを迂回するための技術なのです。
　ヒプノセラピストは、催眠というテクニックを用いることによって、この門番の虚をついたり、油断させるなりして、その隙に門を開いてしまいます。そのとき、人の意識は催眠状態、変性意識状態、あるいはトランス状態と呼ばれるものに入ります」

「え〜、でも、心の門が開きっぱなしだなんて、それって危なくないんですか？　催眠状態に入った人は、セラピストさんのどんな暗示でも受け入れてしまうということになってしまうのではありませんか？」

「(苦笑)残念ながら、世間一般で持たれている催眠のイメージはそのようなものですし、そのイメージがあなたの中に『催眠はこわい』という感情を引き起こすこともあるでしょう。

しかし、実際のところは、催眠状態と暗示との関係はそれほど単純ではないのです。

ここで１つ、あなたにしっかりと理解していただきたいことがあります。それは、被験性と被暗示性の違いです。

被験性というのは、人が催眠状態に入ることができる資質（能力）のことです。被験性が高い人ほど、催眠にはかかりやすいのです。

そして、被暗示性というのは、催眠状態で暗示を受け入れるかどうかを本人の潜在意識が同意しているかどうかの度合いです。

多くのヒプノセラピストや催眠術師がこの２つの言葉を同じ意味で使っていますが、催眠の本質を理解するためには、この２つをしっかりと区別して考える必要があります。

実をいうと、人を催眠状態に入れること自体は決して難しいことではありません。日常生活の中で、人は１日に何度も自然に催眠状態に入りますし、凝視法や驚愕法と呼ばれる基本的な催眠誘導の方法も、誰でも容易に修得できます。

ですが、催眠誘導が成功したからといって、その人が必ず催眠暗示を受け入れるようになる

とは限りません。つまり、**被験性が高くても被暗示性の低い人が、相当数いるというのが催眠の現実**です。

　もし、心の門を開けることで、人にどのような暗示でも入れることができるのだとしたら、ヒプノセラピストの仕事はずっと簡単なものになるはずです。クライアントさんに催眠をかけて、ポジティブな暗示を入れるだけでよいのですから。しかし、実際のところはそうではありません。

　心の門が開く、つまり催眠状態に入ると、そのことに気付いた潜在意識は、猛烈な速度で仕事をはじめます。普段の怠け者の姿からは想像できないほどのスピードです。

　まず、潜在意識は普段はコミュニケーションを取ろうとしない無意識と顕在意識とに連絡を試みます。

　無意識には、門が開いて新たな暗示が入ってくる可能性があるので、そのプログラムが自身の生命の維持に問題がないかどうかをしっかりと確認し、もし危険性がある場合は自分に知らせるように依頼します。実際に危険であると判

断されれば、潜在意識レベルでこの暗示は拒絶されます。

　次には、顕在意識に協力を求めます。開いた門の入り口で、セキュリティ・チェックをする役目を依頼するのです。

　これに同意した顕在意識は、自らの能力を最大限に発揮してこの任務に取り組みます。『門を通る暗示に何か問題はないか？』理性と五感のすべてをフル稼働してチェックを行います。

　そのため、意外に思われるかもしれませんが、**催眠状態に入っているとき、あなたの五感——聴覚、嗅覚、味覚、視覚、触覚——そのすべては普段よりも強く働くようになる**のです」

「そうなんですか？　逆に鈍くなると思っていました」

「ほとんどの人はそう考えます。ですが、実際に催眠状態に入ったことのある人であれば、私のいっていることがよくわかると思います。リラックスした状態なのに、すべての感覚の集中力が増したような、不思議な感じになるのです」

「眠ってしまうのではないのですね」

「とんでもない！ 催眠状態に入っているあなたは、これまでの人生の中で、最も感覚が鋭い状態になっているはずです。

そのような状態にあるとき、あなたは自分自身が眠っているといえますか？ もちろん、いえないはずです。

ですから、**催眠状態に入ったあなたが眠ってしまうということは、絶対にあり得ません。** 催眠と睡眠は違うのです。催眠状態で眠ることはできませんし、眠った状態で催眠に入ることもありません。

しばしば、ヒプノセラピストは『眠って！』ですとか『あなたはどんどん眠くなる〜』のような言葉使いをしますが、あれは『まるで、眠っているようなフリをしてみてください』あるいは『あなたは目を閉じて、あたかも眠っているようなリラックスした状態に入って行きます』という意味なのです。催眠は眠りとは何の関係もないのです。

さて、このような状態での暗示に対する顕在

意識の反応を、潜在意識が門の内側から、じーっと眺めています。顕在意識が暗示にどのように反応するのかを見て、それを受け入れるかどうかを決めるからです。

　実はこのとき、顕在意識が示す反応は４種類あるといわれています。

　１つ目の反応はこうです。『私はこの暗示を受け入れます！』というものです。暗示の完全な肯定です。

　２つ目は、『この暗示を受け入れてもいいけど、どうしようかな〜』というものです。

　あなたは別にその暗示が嫌いなわけではなく、それが、あなたの倫理観や信仰に反するわけでもない。けれども暗示に対して、わずかばかりの違和感、抵抗感を持っているという状態です。

　３つ目は、『この暗示を受け入れても、受け入れなくても、どっちでもいいや』というものです。あなたはその暗示に対して中立であると同時に、やや無関心です。

　最後の４つ目の反応は、『この暗示が、ちゃんと入ってくれればいいなあ』というものです。

　実は、いわゆる「催眠にかからない人」、正

しくは「催眠暗示に反応しない人」の多くが、この４つ目の反応を示します。催眠で自らに変化を起こしたいという意志があるにもかかわらず、暗示への反応が薄い人は、心の奥でこの言葉をつぶやいている場合がほとんどなのです。

　そもそも、『ちゃんと入ってくれればいいなあ』という態度はあまりにも消極的で受動的です。後で詳しく説明しますが、催眠状態で暗示が反応を起こすためには、被験者本人の能動的な姿勢が不可欠なのです。

　以上の４つの反応の中で、**潜在意識を満足させられるものはたった１つしかありません。**それは、最初の『私はこの暗示を受け入れます！』というものです。あなたの顕在意識が、これ以外の３つの反応を示した場合、潜在意識は催眠状態には入っていたとしても暗示は受け付けません。

　ですから、あなたが催眠状態で何らかの現象や変化を起こすためには、いつでも『私はこの暗示を受け入れます！』という態度を示さなければなりませんし、さらには、そのことを心の底から信じる必要があるのです。

そうしなければ、催眠暗示はあなたに何の影響も与えることはできません。つまり、このヒプノセラピーが成功するか、失敗するかは、あなたの態度ひとつにかかっているのです」

「すべては私次第ということですか？」

「そうです。驚きましたか？」

ヒプノセラピストはプロのガイド

「もう１つ、あなたにお伝えしなければならない事実があります。
　それは、私がこれまでに、誰１人として催眠をかけたことがなく、これから先もかけることはないであろうという事実です。
　なぜなら、**すべての催眠は、自己暗示に他ならない**からです。別のいい方をすれば、催眠という現象は、**自らの意志によって催眠状態に入って、能動的に暗示を受け入れる行為**であると説明できます。
　人には誰にでも暗示を受け入れる能力が備

わっています。本来なら、私を含めた、誰の力も借りる必要はありません。

　ですが、ほとんどの人は自己暗示の入れ方を知りません。そこで私たちヒプノセラピストの出番となります。

　私たちは、自己暗示を入れる方法をあなたに指導することができます。プロのセラピストとして、私があなたのためにしてあげられることは、実はそれだけなのです。

　そう、私は催眠をかけるプロなのではなく、あなたが自己暗示を入れるための道筋を示すプロのガイドなのです！

　あなたが登山をしようとしている場面を想像してください。はじめて登る山で、途中、迷いやすい道や危険な場所もあると耳にしている。そこで、あなたは経験豊かな山岳ガイドを雇うことにしました。

　ガイドはその豊富な経験から、プロとしてあなたにとって最良のルートを探し出します。それは、その日の天候やあなたの登山歴、体調といった数多くの要因を分析した上で決めたものです。

あなたはガイドを信頼し、そのプランに従って登山を行います。なぜなら、そうすれば安全に、確実に、そして一番効率的に登頂することができるのを、あなたは知っているからです。

ところが、もしあなたがこのガイドに不信感を抱いたとしたらどうでしょう？

ガイドとの関係はぎくしゃくして、登山も楽しくなくなるでしょう。もしかしたら、途中でガイドと喧嘩をして、あなただけ別のルートを行くことになるかもしれません。

それでも無事に頂上までたどり着くことができればよいのですが、場合によっては自らの生命を危険にさらすことになりかねません。

ですから、一度ガイドを雇うと決めたら、あなたはそのガイドを100パーセント信頼して、そのプランと助言に従わなくてはなりません。

もし、それができないのであれば、あなたは別のガイドを雇うか、自分の力だけで頂上を目指すかを選ばなくてはならないのです。

ヒプノセラピストはプロのガイドです。ですが、ガイドに過ぎないのです。あなたの信頼と理解と協力がなければ、ガイドは仕事をするこ

とができません。

　もし、今日、あなたが私をガイドとして雇ってくださるのであれば、私はプロとしての自分の経験と技術をフルに発揮して、あなたが催眠という自己暗示の頂上に達するための最良のプランを練りましょう。そして、あなたを安全に、最も効率的にそこへ導いて、あなたが必要な暗示を受け入れるための方法をお教えしましょう。

　ですが決して忘れないでください。私はあなたのガイドに過ぎないのです。すべてのコントロールはあなた自身が握っています。私があなたに強要できることは何一つとしてないのです。

　その証拠に、あなたが暗示の受け入れを拒絶し、催眠状態から抜け出したいと願えば、その瞬間にあなたはこの通常の意識状態に戻ってくることができます。

「それは、催眠から覚めるということですか？」

「そうです。一瞬で覚めてしまいます。ですから、あなたはご自身の意志でもって、セラピストから与えられた暗示を正しい精神的態度で受

け入れなければなりません。

それは『私はこの暗示を受け入れます！』という態度です。

そうすれば、あなたは速やかに深い催眠状態に入り、そこで望む変化を得ることができるようになります。

ですが、もし、あなたがこれ以外の反応を選んだとしたら、あなたには何の変化も起こりません。ガイドの私には、あなたの心に無理やり暗示を入れることはできないからです。

そう、あなたが、あなただけが、それを可能にするのです！」

「先生を信頼しないとダメだということですね」

「私だけではありませんよ。催眠暗示は、あなたが100パーセント同意をしなければ入ることはできません。そして、その同意は、ガイドである私だけではなく、あなた自身にも向けられなければなりません。

あなたがご自身の能力に疑いを持ったままでは、催眠暗示を受け入れることは不可能な

のです。ガイドがいくら励ましたところで、『自分はこんな高い山に登れるはずがない』と自信をなくしている人を、頂上へと無理に連れて行くことはできません。

　自分で一歩も踏み出そうとしない人は、麓(ふもと)から山の頂上を仰ぎ見て、ため息をつくことしかできないのです。

　さあ、あなたにはご自身を催眠状態へと導く自信がありますか？　暗示を受け入れる準備はできていますか？」

「ちょっと自信がなくなってきました……」

「ははは、少し脅かしてしまいましたが、実のところ、それほど心配する必要はないのですよ。と、いうのも、どんな人でも、他人の言葉を理解することさえできれば、催眠暗示を受け入れるための最低条件はすでにクリアしているからです。

　ですから、まずはセラピストのいっていることが理解でき、それから催眠暗示を受け入れるための正しい精神的態度を示すことができれば、人は誰でも一瞬で（パチンと指を鳴らす）、深い、

深い催眠状態に入り、自身に変化を起こすことができるようになるのです」

「ですが、実際には催眠にかからない人もいますよね」

「もちろんです。一般的には催眠にまったくかからない人が全体の10〜20パーセントほどいるといわれています。そして、多くの催眠術師、ヒプノセラピストが、その数字を無条件で受け入れているようです。

ですが、この数字はステージ催眠（ショー催眠）におけるテストの結果に基づいたものであると私は考えます。

ステージ催眠については後で詳しく説明しますが、そこで行われる『催眠のかかりのいい人を見つけるためのテスト（実際は、被暗示性テスト）』で、一番簡単な催眠暗示さえ受け入れない人が平均して1〜2割ほどいるということなのです。

しかし、これはあくまでもステージ催眠という特殊な状況における数字であって、ヒプノセ

ラピーの領域にまで持ち込むのはいささか乱暴であると思います。

　私の経験では、ヒプノセラピーにおいてはまったく違う数字が出ています。ですが、それについてお話しする前に、ここであなたに質問をさせてください——あなたは、人が催眠暗示を受け入れない本当の理由は何だと思いますか？」

「催眠をかける側とかかる側との間に信頼関係がないからですか？」

「いわゆるラポール（心の同調による信頼関係）形成の問題ですね。確かにそれは大切なことですが、もっと根本的な理由があるのです。
　人が催眠暗示を受け入れない最大の理由、それはその人が恐怖を感じているからです。
　『恐怖心』は催眠の最大の敵です。恐怖心を持っている人は、何をしても催眠暗示を受け入れることができなくなります。
　この恐怖心は、まれに他の理由で植えつけられることもあるのですが、ほぼ100パーセント催眠やヒプノセラピーに対する誤解から生じ

ます。
　あなたはこれから実際にヒプノセラピーを受けられるのですから、あなたの中の恐怖心を消すためにも、ここで催眠とヒプノセラピーに対する一般的な誤解について説明する必要があろうかと思います」

「自分には催眠やヒプノセラピーに対する恐怖心はないと思っているのですが……でも、念のためにお願いします」

催眠中に相手の秘密を知ることはできない

「了解しました。ではまず、あなたは催眠状態にあるとき、自分が眠ってしまうものだと思っていませんか？
　もし、そうであれば、それは大きな誤解です。
　先ほど、私は人が催眠状態にあるとき、五感が通常の数百倍鋭くなると説明しました。そのような状態で、一体どうして眠ることができるのでしょう？　催眠というのは、睡眠とは何の関係もないのです。

セラピストはしばしば『眠って〜』ですとか『眠くなる〜』ですとか『スリープ！』なんて言葉を使いますが、それは自然の睡眠とは何の関係もありません。
　そうした言葉でセラピストが意味しているのは、瞬間的な神経系統のリラクゼーションのことであり、それこそが催眠状態なのです」

「これは先ほどの説明で納得できました」

「ありがとうございます。では次に、あなたは自分が催眠状態から『起きられなくなってしまうのでは？』と思っていませんか？
　確かに、人は催眠状態から『起きる』ことはできません。と、いうのも、人は自然な睡眠状態からしか起きることができないからです。
　催眠状態は自然の眠りとは何の関係もありません。それゆえ、あなたが催眠状態から起きられなくなるということは、そもそもありえないのです」

「失礼ないい方ですが、それって単なる言葉遊びでは？」

「そうかもしれません。ですが、私たちヒプノセラピストが使うことのできる唯一の仕事道具は言葉なのです！　私たちの世界では、言葉の使い方がすべてなのです」

（うなずく）

「先ほどの例でいえば、正しくは、あなたは催眠状態から起きるのではなく、『覚める』『覚醒する』あるいは催眠が『解ける』のです。
　もちろん、ヒプノセラピストはときには『起きてください』といったいい方をします。ですが、それは『あたかも睡眠から起きるときのように覚めてください』という意味なのです」

「潜在意識にはそのことがはっきりとわかっているのですね」

「そのとおりです。さて、次の誤解ですが、あなたは、私が催眠状態にあるあなたを、完全に支配することができると思ってはいませんか？
　例えば、催眠を利用して洗脳されるんじゃないかと恐れていませんか？」

「洗脳と催眠は同じものなのですか？」

「同じともいえますし、違うともいえます。潜在意識に暗示を入れるという点で洗脳は催眠と同じなのですが、**絶対的に違うのが、洗脳されている人は自分が催眠にかかっているということを理解していない**ということです。別のいい方をすれば、洗脳とは催眠にかけるということを本人に知らせずに催眠をかけ、それをかけ続けることなのです。
　被験者が催眠にかけられることを自覚しているのであれば、顕在意識は催眠暗示に対して先ほど説明した４つの反応のいずれかを示します。そして、『私はこの暗示を受け入れます！』という態度をとらない限り、その暗示は潜在意識に入らないのです。

ところが、洗脳の場合は意図的に感情を揺さぶったりすることを通じて、顕在意識に気付かれないように潜在意識に暗示を入れます。そのために、本人に催眠暗示の受け入れを判断する選択肢が与えられていないのです。

　そのため、逆にいえば、**自分が催眠にかかっていることをわかっていさえすれば、他人に心を支配されることは絶対にありえません。**

　ところで……あなたは、催眠状態にあるとき、自分の秘密をすべて私に明かしてしまうのではないかと思ってはいませんか？」

「深い催眠状態では、それは可能ではないのですか？」

「ほら、だからこのプレ・トークが必要なのですよ！　もし私が今、この質問をしていなかったら、あなたはご自身の秘密のすべてを私に知られてしまうだろうという『誤解』をしたままでセッションに臨むところでした。あなたは私にすべての秘密を知られてもいいのですか？」

「い、いや、それは困ります（汗）」

「当然のことです。私だって他人に自分の秘密を知られたくはありません。ですが、あなたは深い催眠状態では、私があなたの秘密をすべて知ることができるかもしれないと考えていた……その考えがあなたの心に何を生み出すのかわかりますね？」

「恐怖心……ですね」

「そうです。だからこそ、このように時間をかけて説明をすることが大事なのです。ご自身の気付かない部分で、催眠やヒプノセラピーに対する恐怖心が生み出される可能性があるからこそ、それをきちんと払しょくしておく必要があるのです。

　さて、ご自身の秘密が明かされてしまうのではないかという誤解についてですが……催眠状態で人の五感が鋭くなるという話は先ほどしましたね。これはつまり、あなたの精神が鋭敏になるということを意味しています。

催眠状態というのは、本質的には無防備な状態です。そして、顕在意識も、潜在意識も、無意識でさえも、あなたが無防備であることをよくわかっています。

　それゆえ、私が質問をしたときに、あなたが私に決して明かしたくない事実があるとすれば、あなたの心は防御機能を総動員して、あなたがそれを口にしないように働きかけます。

　そのとき、あなたは、**深い催眠状態のままで『それはいいたくありません』ですとか『あなたには関係ないことです』とはっきり口にすることで拒絶することができます。**

　あなたのプライベートな情報の所有権はあなたにしかありません。それを無理やり暴露させることは、どれほど腕の良いヒプノセラピストにもできないのです。

　ただし、あなたは、私に知られても差しつかえのない、あるいは、自分の悩みを解決するために、セラピストである私が知るべきであるとあなたの潜在意識が判断した情報については、私に積極的に知らせてくれるのです。どうです、安心しましたか？」

「はい。不安な気持ちが無くなりました」

「それはよかった。それに……もし私が本気であなたの秘密を聞きだそうとするならば、私は逆にあなたを催眠状態には絶対に入れません。と、いうのも、あなたの意識が顕在意識のレベルにあるときの方が、はるかに簡単にそれを行うことができるからなのです。
　あなたの意識が通常状態にあるとき、私はあなたをなだめ、すかし、時には脅したり、酒や薬の力を利用するなどして、強引にあなたの秘密を暴露させることができます。しかし、あなたが催眠状態に入ってしまったら、私は無力です。心の防御機能は、それほどまでに強固なものなのです。
　どうですか、ここまでの説明に納得していただけましたか？」

『ステージ催眠』の秘密

「はい。大丈夫だと思うのですが……実は私、先日テレビである催眠術師が術をかけるのを見

たばかりなんです。芸人さんがワサビを生クリームだと思って食べて、その途中で催眠を解かれてむせかえっていました。催眠ってやっぱり、他人を自在にコントロールすることができるのではありませんか？」

「なるほど……。それでは、ここでステージ催眠の話をしましょう。テレビや劇場で行われる催眠のことをステージ催眠といいます。日本ではショー催眠と呼ばれることが多いですね。私もステージ催眠術師として舞台に立ったことがありますし、今でも余興でこの類(たぐい)の催眠をかけることがあります。

　ステージ催眠は特殊な状況下で行われます。会場に集まるのは、チケット代を払って催眠ショーを観に来たお客さんで、当然催眠術そのものに興味を持つ人が多くいます。そして、ショーがはじまると、ステージ上に颯爽(さっそう)と登場した催眠術師が観客にこう告げます。『このショーの成功は、観客の皆さんのご協力にかかっています。このショーの主役はあなた方なのです。そこで、これからステージの上で催眠

にかかってくださる方を見つけるために、簡単なテストを行います』

　これが先ほど私が触れた、被暗示性テストです。このテストには実は二重の目的があって、表面的には催眠の被暗示性、つまり観客の中から短時間で深い催眠状態に入ることができる被験者を探すために行われます。

　しかし、その裏で催眠術師は、テストを通じて、会場に集まった人の中から、公共の場で暗示にかかることを自分自身が楽しみ、同時に周囲を楽しませる素質を持っている人を見極めようとしているのです。

　時間が限られているショーでは、催眠誘導に長い時間を費やすことはできませんし、被験者はステージの上で他の観客から大いに笑われることになります。そこで、術師は催眠暗示が入りやすく、しかもノリのいい人だけを選び出し、ステージの上へと案内するのです。

　これでもう、仕込みはばっちりです。選ばれた被験者はこの時点で皆、『私はこの暗示を受け入れます！』という状態になっているのです。

　さらに、もう1つ秘密があるのです。ステー

ジに上がった被験者の中には、テストの結果に反して、今ひとつ暗示への反応がよくない人が含まれることがあります。

　これはその人が舞台の上でアガってしまったり（これも一種の恐怖心です）、「一体何をされるのだろうか？」という不安感を抱いていることが原因です。

　こうした場合、催眠術師はその人をタイミングよく客席に戻すか、あるいはショーが終了するまでステージ上の椅子に腰掛けさせて、残りの時間中、完全に無視してしまいます。

　つまり、ステージ催眠術師は、催眠がかかる人、催眠暗示をたやすく受け入れる人にしか催眠をかけないのです。

　ステージ催眠術師が、被験者を完全にコントロールしているように見えるのは当然のことです。それは被験者が催眠を楽しむという一点において、術師に100パーセント協力しているからです。

　その証拠に、催眠から覚めた被験者は必ず、『楽しかった』ですとか『スッキリとしていい気分』といったポジティブな感想を残します」

「自分から望んで入っていった催眠だからこそ、楽しく、いい気分になるのですね」

「そのとおりです。ちなみに、テレビでタレントさんや芸人さんに催眠をかける場合はもっと簡単です。こうした人たちは番組における自分たちの役割を正確に把握しています。術師のかける催眠に対して、どのようなリアクションを取れば視聴者、プロデューサー、スポンサーに喜ばれるのかを常に計算しています。自分たちの反応ひとつで、番組に投入された巨額の製作費とスタッフの努力が台無しになりかねないということもわかっています。そのことが、自分たちの将来のためにどのような意味を持っているのかも理解しています。

つまり、彼らには『私はこの暗示を受け入れます！』という反応以外の選択肢が残されていないのです。

さらに、テレビでは、被暗示性テストもその後の予備催眠（催眠を深めるためのテクニック）も編集でカットされることがほとんどですから、視聴者には術師がまるで魔法でも使っているか

のように見えるのです」

「業界の裏話ですね（笑）」

「そうです（笑）。でも、実際、そうしたテレビ業界の仕組みすら利用して、催眠術師は催眠をかけるのです。これこそがプロの仕事というものです。

さて、これまでの説明を通じて理解していただけたと思いますが、実はステージ催眠とヒプノセラピーとでは、催眠にかかるためのメカニズムについては何の違いもありません。いずれも、正しい精神的態度、すなわち『私はこの暗示を受け入れます！』という反応が不可欠なのです。

ですが、ステージ催眠術師がヒプノセラピストと比べて大きく異なっている点があります。それは、**ステージ催眠術師は催眠にかからない人を容赦なく切り捨てる**ということです。

ショーを成功させるには必要不可欠な行為ですが、それは時間制限のあるステージの上だからこそ許されるのです。

もし、同じことをヒプノセラピストが行った

としたらどうでしょう？　自分を頼って来てくださったクライアントさんに、『あなたには深い催眠が入らないので効果は望めません。どうぞお引き取りください』とでも告げるのでしょうか？

　実をいえば、このように正直に『あなたは催眠にかかりません』といえるセラピストはまだ良心的なのです。

　残念なことですが、この業界には、クライアントさんが催眠にかからないことを認めようとしないセラピストが数多く存在するのです。

　こうした人たちは、クライアントさんが催眠にかかっていないことが明らかにわかっていたとしても、かかっているものとしてセッションを進めていきます。ヒプノセラピーのセッションで催眠誘導に失敗すれば、当然料金を請求することはできませんから、何としても催眠にかかったように思わせる必要があるのです」

「ひどい話ですね」

「困ったものです。本物のヒプノセラピストなら、このような真似は決してしません。

ステージ催眠のような時間制限もないのですから、私がこのプレ・トークを通じて行っているように、クライアントさんとじっくりと向き合って、催眠とヒプノセラピーに対する恐怖心を1つ1つ取り除いていけばよいのです。クライアントさんが心の底から『自分の人生を変えたい！』という気持ちを持てるようになるまで、根気よく導いていけばよいのです。私はそれこそがヒプノセラピストの最も大切な仕事だと思っています」

ヒプノセラピーの成功率は『あなた次第』

「ところで、あなたは、私がこれまでに行ったヒプノセラピーの成功率はどの程度だと思いますか？」

「突然、どうしたのですか？」

「今、この場だからこそ尋ねているのですよ。さあ、私の成功率は何パーセントでしょうか？」

「まったくの想像ですが……80パーセントくらいでしょうか?」

「この質問には、一切の嘘、偽りなく答える必要が、私にはあります。私の信頼に関わることだからです。私のヒプノセラピーの成功率、それは……100パーセントです!」

「え? 本当ですか?」

「私はプロフェッショナルです。嘘偽りは一切ありません。

　私は自分のクライアントさんを催眠という山の頂上に、一番早く、一番安全に、一番確実に導くための、ノウハウを持っています。

　クライアントさんが、ガイドである私を信用してくださり、私の立てたプランにそって、私の示したルートをそのままに進んでくだされば、その方には必ず必要な変化が起こります。

　これまで、私の指示どおりにこの催眠という山を登っていただいた方は全員、頂上へと到達することができています。ですから、私の成功

率は常にパーフェクトなのです」

「すごいですね」

「では、今、ここで逆にあなたに質問をさせてください。あなたの成功率は何パーセントですか？」

（ハッと息をのむ）

「もし、あなたが『私はこの暗示を受け入れます！』という正しい精神的態度とともに暗示を受け入れたとしたら、あなたは100パーセントの成功を得ることができます。
　ですが、もし、あなたが別の反応を示したら、ヒプノセラピーの効果は0パーセントです。
　繰り返しますが、催眠というのは本当にあなた次第なのです！」

「……（うつむいたまま）」

「もし、あなたが今日、ヒプノセラピーを成功させるために必要な心の準備ができていなかっ

たとしたら、私は今ここで、このセッションを中断しなければなりません。

　ですが、もしそうなったとしても、決してがっかりなさらないでください。あなたはいつでもここに戻ってくることができるのですから。

　あなたが『私はこの暗示を受け入れます！』という態度で再びヒプノセラピーを受ける気持ちになったとき、その気持ちに確信を持てるようになったとき、いつでもセッションの予約を入れてください。私はいつでもここであなたをお待ちしていますよ」

「（顔を上げて）先生、私、絶対に大丈夫です。催眠にかかります！　暗示も受け入れます！　私、どうしても痩せたいんです！　ダイエットを成功させなければならないんです！」

「そういっていただけると信じていました。そして、私には、あなたがこれからはじまるセッションを絶対に成功させるであろうことがわかっています。なぜなら、あなたがここに来たのはそのためなのですから！

そう、あなたは、あなたの人生を変えるために今、この場所にいるのです！

さあ、これから私と一緒にセッションを楽しみましょう。そして、自分が一番なりたい自分になりましょう！

もうすでに、あなたはご自身のなすべきことをすべて理解しているはずですが、もし、ほんの少しでも催眠やヒプノセラピーに関する疑問や質問があれば、どのようなことでも構いません、遠慮なく尋ねてください。不安を感じている点があれば、正直に教えてください。あなたの恐怖心をなくすために、私にできることがあればどのようなことであっても喜んでさせていただきます。

最後になりますが、この言葉をしっかりと心に刻んでください……。

ヒプノセラピーは、あなたの人生を変えるための最速、最良の方法です。それは今、あなたの目の前にあって、あなたは手を伸ばして、それを掴み取るだけでいいのです。

ここまで長い間お付き合いいただきまして、ありがとうございました」

Chapter 2

ヒプノセラピーとは
どのような療法なのか

Section 1 プレ・トークが必須である理由

　Chapter 1 では、普段、銀枝庵で行っているプレ・トークを再現してみましたが、いかがでしたか？
「あそこまで細かく説明をするものなのか！」と驚いた方も多いでしょうし、逆に「ずいぶんと大雑把だな」と感じた方もいらしたのではないでしょうか。
　実はそうした両極端の反応が出てくることこそが、プレ・トークの「妙」であるのです。
　繰り返しになりますが、プレ・トークの目的は、催眠とヒプノセラピーに対する恐怖心を無くし、クライアントさんに、催眠状態で暗示を受け入れるための心の準備をしていただくことにあります。そのためには、顕在意識と潜在意識の両方に働きかける必要があるのです。もちろん、プレ・トークは顕在意識が優位な通常の意識状態で行うのですが、同時に潜在意識に対してもさまざまな形でアプローチを施します。
　プレ・トークの中には、顕在意識の理性（理性的思考）への説明を行う部分と、潜在意識へと直接訴えかける部分とが混在しています（ただし、潜在意識へは、言葉以外の非言語的アプローチを多く含みます）。そのため、全体の

印象として「どっちつかず」ととらえられやすいのかもしれません。ですが、その「どっちつかず」であるがゆえに、プレ・トークは本来の目的を果たせるのです。

　銀枝庵では、どのクライアントさんにも初回セッションでは必ずプレ・トークを受けていただきます。ところが、ときどき「私は催眠のかかりが良いので、プレ・トークは必要ありません」といわれるクライアントさんがいらっしゃいます。このような場合でも、私がプレ・トーク抜きにセッションを行うことは決してありません。

　以前、ステージ催眠で大変高い被暗示性を見せた方が、療法のクライアントさんとしてお見えになったことがありました。その頃は私もこのポリシーを徹底していなかったこともあって、「あれだけかかりやすい人ならば、プレ・トークは必要ないだろう」と考え、そのまま催眠誘導から深化法へと進みました。すると、ショーでは驚異的な速さで幻覚域まで入って行かれたこの方が、深化の途中で催眠から覚めてしまったのです。私も驚きましたが、ご本人はもっと驚かれていました。ですが、私にはその瞬間何が起こったのかがはっきりとわかりましたので、その場で即興のプレ・トークを行い、その後再び深化へ進むと、スムーズに深い催眠へと入られました。

　つまり、このクライアントさんは、ステージ催眠でご自

身が被験者となり、楽しい時間を過ごすことには何の恐怖も感じられていなかったのです。しかし、ヒプノセラピーを通じてご自身の心の問題に直面することには、恐怖心、特に自分の心の奥底にある触れられたくない部分を無理やりにこじ開けられるのではないかという不安をお持ちだったのです。これは、ステージ催眠でご自身の催眠のかかりのよさを認識されていたからこそ起こった「抵抗」だったのです。

　このように、どれだけステージ催眠のかかりのよい人であっても、療法となると全く異なる反応を示される方が多くいらっしゃいます。また、別のセラピストのところで過去に催眠にかかったことのある場合でも、私の行うヒプノセラピーは初体験となりますので、そうした成功体験はあまり参考にはなりません。そのため、すべてのクライアントさんにプレ・トークを受けていただくことをお願いしているのです。

　さらに、初回セッションでは、プレ・トークの直後に改めて、このままセッションを続けるかどうかの意思確認をクライアントさんにしていただきます。ここで同意をいただける方のみ、セラピーをお引き受けいたします。

　実際、プレ・トークを行っても私に信頼を寄せることができなかったクライアントさんが、この時点でその後の

セッションを中断するケースもあります。また、クライアントさんの反応から判断して、私の方から中断をご提案する場合もあります。

　もちろん、ここで中断したからといって、私とクライアントさんとのご縁が完全に切れたということではありません。あるクライアントさんは、プレ・トーク終了時にその後のセッションを棄権されたのですが、数週間後に再び予約を入れていただきました。後でお話を伺うと、「プレ・トークを受ける前は半信半疑というか、不思議な力で勝手に治るかもしれない程度に思っていたヒプノセラピーが、実はしっかりとした理論の上に成り立つものだということがわかり、自分の悩みが解決する道筋が見えるような気がした。すると逆に、治った後の『悩みがない自分』を想像できなくて怖くなってしまった」そうなのです。このように、人の恐怖心は様々な形をとって現れます。

　ですが、その後、改めてご自身の気持ちと向き合った結果「とにかくやってみないことには何も変わらない、何もはじまらない」と決意を固められ、ヒプノセラピーを受けられたのです。

Section 2 まずは医師による診察、検査、診断を

　実際のヒプノセラピーのセッションへと進む前に、ここでもう1つ確認しなければならないことがあります。それは、クライアントさんの通院履歴です。

　通常は、来院時に記入していただく「クライアント・ヒストリー・フォーム」という用紙でそのことについてお尋ねします。その後のカウンセリングで、詳細についてお聞きする場合もあります。

　銀枝庵では、クライアントさんからご相談を受ける際、それがどんな症状であれ、まずは医師による診察、検査、診断を受けることを積極的にすすめています。と、いいますのも、ヒプノセラピストはそれらを行うことが許されていないからです。

　ヒプノセラピーが扱うことのできる分野は広大です。一般的には、ヒプノセラピーはいわゆる「心の病」の改善に役立つと認知されていますが、実は肉体面の不調にも効果があります。人間の肉体と精神は互いに影響を与え合っていますので、これは当然のことといえるでしょう。

　例えば、ペインコントロール（痛みの緩和）はヒプノセラピーが得意としている分野の1つです。海外では、薬に

よる麻酔が効かない患者さんを、催眠で麻酔状態にして手術をしたという臨床例がいくつもあるくらいですから、痛みを消すこと自体はさほど難しいことではありません。ですが、その効果があまりにも強大であるがゆえに、逆に気を付ける必要があるのです。

　痛みというのは、身体や心が出しているサインです。身体や心に必要以上の負荷がかかったり、あるいは何らかの機能不全が起こった場合、痛みという形でそれを知らせようとするのです。

　そのとき、催眠で痛みを取り除いてしまったらどうなるでしょうか？　器質的な内臓疾患から発生した痛みを催眠で抑えた結果、病気の進行が進み、手遅れになるという事態も当然考えられます。それゆえ、まずはその症状が機能・器質的障害から発症したものでないことを、医師のもとで確認していただくことが重要になります。

　しかし、実際はヒプノセラピストのもとを訪れる段階で、ほぼ100パーセントのクライアントさんが医師による診断、治療、投薬を受けていらっしゃいます。それでも満足のいく治療効果を得られなかったということで、ヒプノセラピーを試しにこられる方がほとんどだからです。

　セラピストの中には、「もっと早い段階で自分のもとを訪れてくれたら、より高い効果を得られたのに」とおっしゃ

る方もいらっしゃいますし、私自身もそう思うことがしばしばあります。ですが、実際はこのような順序を経て、クライアントさんがセラピストを訪ねるということが一般的でありますし、それに対応することがセラピストの役割なのだと私は考えています。

まずは医師による診察、検査、診断を

Section 3 | ヒプノセラピーの歴史

　ヒプノセラピーがどのような療法であるのかを正しく理解していただくためには、その歴史を知るのが一番です。ですが、ヒプノセラピーの歴史は大変古く、その詳細について語ろうとすれば、紙面がいくらあっても足りません。
　そこで、ここでは、その歴史の中でもヒプノセラピーという療法の成立に大きな影響を与えた人物や出来事を中心に、できるだけ簡潔に、かつ分かりやすく説明を試みたいと思います。

　ヒプノセラピーの歴史は、古代エジプトにあったと伝えられる「眠りの寺院」と呼ばれる施設にまで遡ります。そこでは、僧侶が信者の「眠り」を誘発した上で、病気が治癒するという暗示を与えていました。ここで僧侶が使った技法は、現在の「催眠誘導」にとてもよく似ているといわれています。「眠りの寺院」は、紀元前4世紀頃にはギリシャに伝わり、その後、ローマ帝国内にも置かれました。
　それから「暗示」と「癒し」の技法はキリスト教教会へと伝わり、13世紀頃からは、国王──とりわけイギリスとフランスの王たち──が行った手当てによる病気の治療、

すなわち「ロイヤル・タッチ」として施されました。

しかし、王族たちがこの療法に興味を無くすと、暗示による癒しの評判はガタ落ちとなり、中世には「文明社会においてそれを行うのは魔術師か妖術師」とまでいわれるようになります。現在にまで伝わる、催眠についての魔術的なイメージの多くは、この時代に生まれたものです。

ところが18世紀後半、その後の催眠の在り様を永遠に変えることになる1人の男が登場します。ドイツ人医学者フランツ・アントン・メスメル（Franz Anton Mesmer: 1734〜1815）です。

近代のヒプノセラピーの歴史は、このメスメル（メスマー、メズマーとも呼ばれる）にはじまるといわれています。彼は、人体は宇宙に満ちている流体の一種である動物磁気の作用下にあり、体内においてこの磁気の不均衡が生ずると病気になるとする「動物磁気説」を唱えました（実際には、彼はイメージと暗示による癒しを行っていただけなのですが）。メスメルは医学者・医師であったため、彼の動物磁気説をベースとした治療法（メスメリズム）は物理現象であり、科学的であるという触れ込みでアピールされ、パリで自らが考案した磁気桶を使って行った集団治療は、特に貴族階級で大流行となり、最盛期には1日に3千人を超える患者が訪れたと記録されています。

しかし、メスメルの成功をねたむ医師や彼の反社会的な言動を快く思わない政治家たちが、彼を失墜させる目的でフランス科学アカデミー委員会を組織し、その結果メスメルは表舞台から追放されてしまいます。それでも、メスメリズムの理論と技法は弟子たちに引き継がれ、現在では一般的になっている、集団への心理療法やイメージ療法の基礎となりました。

　メスメルの弟子の1人、フランス人貴族のピュイゼギュール侯爵（Amand-Marie-Jacques de Chastenet, Marquis de Puységur: 1751〜1825）は、自らが行ったメスメリズムの治療の最中に、彼が後に「磁気睡眠」と名付けた現象を見出しました。これは、今でいう催眠トランス状態と同じものです。メスメリズムの最中に、患者が暗示に対して従順になることと、そして覚めた後には記憶に健忘があることを、彼は発見したのです。

　その後、イギリスに渡ったメスメリズムと「磁気睡眠」の技術を用いて、ロンドンの外科医ジョン・エリオットソン（John Elliotson: 1791〜1868）と、インドのカルカッタに赴任していた外科医ジェイムズ・エズデイル（James Esdaile: 1808〜1859）が、無痛外科手術を行いました。彼らは相当数の外科手術を成功させたのですが、当時の医学界からは完全に無視されました。

同時期のイギリスでは、スコットランド人医師ジェイムズ・ブレイド（James Braid: 1795〜1860）が、メスメリズムの「いかさま」を暴露することを目的に研究に没頭していました。その結果、彼はメスメリズムの意識状態を生み出すためには「瞼が重くなる」ことが不可欠だという結論に達し、そこから現在でも最もポピュラーな催眠誘導技法の1つである「凝視法（ぎょうしほう）」が誕生しました。

　やがて、ブレイドは、メスメリズムが実は人間の心理と生理現象を巧みに利用した優れた技法であることに気付き、そのオカルト性を払しょくするために、メスメリズムに替わる「神経催眠」（neuro-hypnotism）という言葉を創出しました。「ヒプノ（hypno）」は、ギリシャ神話の眠りの神ヒュプノスに由来する言葉で、メスメリズムにかかった人があたかも眠っているように見えることから名付けられました。その後、この言葉は "neurypnotism" と短縮され、最終的には「ヒプノティズム（hypnotism）」＝「催眠（法）」と命名されました。

　後に、ブレイドは "hypnotism" が催眠の本質（催眠と睡眠とは異なる）を誤解させる可能性があるとして、「モノ・アイデイムズ（monoideism）」＝「注意の一点集中法」という新たな名称を提唱しますが、これはまったく受け入れられずに終わりました。

ヒプノセラピーの歴史

ブレイドの研究にもかかわらず、ヒプノセラピーはイギリスでは冷遇され続けましたが、海峡を隔てたフランスでは異なる展開を見せるようになります。

　1882年、チフスの研究で知られるナンシー医科大学教授のイポリート・ベルネーム（Hippolyte Bernheim: 1840〜1919）は、長年座骨神経痛で苦しんでいた自らの患者が、ナンシーの近くで開業する医師のメスメリズムによって完治したことを耳にしました。そのことを信じられず、直接その開業医アンブロワーズ＝オーギュスト・リエボー（Ambroise-Auguste Liébeault: 1823〜1904）に会ったベルネームは、リエボーの治療法の効果を認め、彼と協力して患者にヒプノセラピーを行うことを決意します。2人は臨床と研究を深め、やがて「催眠の基礎は暗示である」ということを提唱するようになります。

　しかし、その活動拠点から「ナンシー学派」と呼ばれるようになった2人の理論に真っ向から対立する勢力が現れました。パリのサルペトリエール病院の教授ジャン＝マルタン・シャルコー（Jean-Martin Charcot: 1825〜1893）を中心とする「サルペトリエール学派」と呼ばれたグループです。シャルコーは、パリ大学の教授でもあり、王侯貴族の侍医でもあり、ヨーロッパで随一の医学的権威となった人物でした。

シャルコーら、サルペトリエール学派のメンバーは、催眠はヒステリー患者のような神経病理的な要素を持った者にしか起こらない病的な現象であり、それゆえに催眠を治療に使うのは好ましくないと主張しました。また、催眠は動物磁気によって引き起こされるものと考え、言語暗示によって催眠を誘発するナンシー学派の理論を完全に否定しました。

　ナンシー学派とサルペトリエール学派の対立は長年続き、両者の間では激しい論争が繰り広げられましたが、1889年にパリで開催された催眠治療や催眠実験に関する第一回国際会議でナンシー学派が圧倒的な支持を集め、論争には幕が下ろされました。

　そのサルペトリエール学派のシャルコーからヒプノセラピーを学び、その後、ナンシー学派のリエボーに教えを乞うたのが、後に精神分析学の創始者となるジークムント・フロイト（Sigmund Freud：1856〜1939）でした。

　友人であったオーストリアの医師ヨセフ・ブロイエル（ブロイアーとも呼ばれる）がヒステリー患者の「アンナ・O」に施した「カタルシス療法」と名付けられたヒプノセラピーを目の当たりにしたフロイトは、一時期この療法にのめり込みました。ところが、残念なことに彼はヒプノセラピストとしての「筋」があまり良くなく、また患者を深い催眠

状態に入れなければ治すことができないと思い込んでいたために、上手に催眠に入ることのできない患者に苛立ちを感じるようになりました。そこで、フロイトは、かつてベルネームのもとでヒプノセラピーを学んでいたときに、催眠状態から覚醒した患者に繰り返し質問していくと、催眠中のことを次第に思い出していったという経験からヒントを得て、あえて催眠誘導を行わず、ただ患者の額に手を当てて心の中に浮かんでくることを自由に話させるという方法を試してみました。すると、患者はすっかり忘れさっていたようなことでも、簡単に思い出せるようになったのです。

　フロイトはこの技法＝「自由連想法」を基礎とした精神分析法を生み出しました。そして、「精神治療に催眠は必要なし」と結論付け、催眠を捨て去ったのです。

　フロイトが催眠を捨てたことは、ヒプノセラピーの歴史の中でも特に不幸な出来事でした。その後、精神分析は心理学や精神医学の世界で発展していきましたが、逆にヒプノセラピーの方は衰退の道を辿ることになったからです。ただし、最晩年のフロイトは、精神分析にあまりにも時間がかかりすぎることを懸念し、ヒプノセラピーを再評価していたと伝わっています。

　この催眠の不遇の時代にも、別の形でヒプノセラピーの

研究と実践は細々と続けられていました。20世紀の初頭、ナンシーで催眠を学んだ薬剤師エミール・クーエ（Emile Coué: 1857〜1926）は、実際にヒプノセラピーの効果を生んでいるのはセラピストが与える暗示ではなく、被験者の意識であることに気付きました。つまり「すべての催眠は自己催眠である」という発見をしたのです。

彼は、この考え方をベースに覚醒暗示による自己治療（クエイズム）を行いましたが、そこで使われていたのが、有名な「毎日あらゆる意味で、私はますます向上していきます」という暗示です。こうした彼の業績は、その後の自己催眠法の誕生や、J. H. シュルツによる自律訓練法の開発にもつながっていくことになるのです。

ヒプノセラピーが再び日の目を見るようになったのは、第一次世界大戦以降のことです。この戦争では機関銃の大規模運用によって塹壕戦が頻繁となり、戦争終結後も多くの兵士が銃弾の雨の中で小さな塹壕に身を潜めながら恐怖と戦った場面を思い出し、苦しむことになりました。現在では、PTSD（心的外傷後ストレス障害）として知られるこうした症状は、当時は戦争神経症と呼ばれていましたが、戦後大量に発症した患者に対して、それまでの精神分析では対応しきれなくなっていました。精神分析ができる医師の数が絶対的に不足していたのと、完治までにあまりに時

間がかかりすぎたのがその理由です。

　こうした状況の中で、より短期間で治療が行えるヒプノセラピーが再び注目されるようになり、「催眠分析(hypno-analysis)」として知られるようになったこの治療法で、多くの患者が救われました。そして、第二次世界大戦やベトナム戦争の後には、さらに多くの患者が症状を訴えるようになりましたが、催眠分析はこうした期待に十分に応えることができました。

　こうした成果を受けて、ヒプノセラピーが学術的に公の場で認められるようになりました。まず、1955年に英国医師会（The British Medical Association）が医療における催眠の効果を認定することになったのです。さらには、1958年に米国医師会（The American Medical Association）によって、1960年に米国心理学会（The American Psychological Association）によって、1962年に米国精神医学会（The American Psychiatric Association）によって、同様にヒプノセラピーの有用性が認められました。

　現在、ヒプノセラピーは心理療法の枠を超えて、スポーツや教育、ビジネスや芸術などの分野でも幅広く活用されています。コミュニケーション技法としての催眠にも注目が集まっており、その中でも、催眠の天才にして20世紀最大の臨床家と呼ばれたミルトン・エリクソン（Milton

Hyland Erickson: 1901 〜 1980)ら「3人の天才心理療法家」の技法から生まれたNLP(Neuro Linguistic Programming ＝ 神経言語プログラミング)は特に有名です。

　日本においては、第二次世界大戦後に成瀬悟策(1924〜)や池見酉次郎(1915 〜 1999)といった臨床心理学者、医学者らが、学術面からの催眠研究に尽力しました。ですが、カール・ロジャーズ(Carl Ransom Rogers: 1902 〜 1987)の来談者中心療法(Client-Centered Therapy)とユング心理分析学派の河合隼雄(1928 〜 2007)の心理分析の影響を強く受けた日本の心理療法の現場では、ヒプノセラピーはほとんど使われることがなく、臨床活動も民間治療家が中心となっていました。

　しかし、近年は若い世代の医師を中心に、ヒプノセラピーを精神面だけではなく肉体面の治療に活用しようとする新しい流れも生まれてきており、後述する日本医療催眠学会のような学会が受け皿となり、民間治療家との交流も積極的に行われるようになっています。

Section 4 ヒプノセラピーにできること

次に「ヒプノセラピーにできること」というテーマで話をすすめてまいりましょう。

これはデリケートなテーマです。と、いいますのも、医師の資格を持たない私がヒプノセラピーの効果効能をうたうことは、医事法（医療に関する医療法および医師に関する医師法などを中心とした医療に関する法の総称）により禁止されているからです。

仮に、明らかに摂食障害の症状を訴えて来院されたクライアントさんがいたとします。その方に対して「あなたは摂食障害ですね」と告げ、治療を行った時点で私は医事法に違反することになります。これまでの経験や、医学書からの知識などをもとに100パーセント間違いのない判断を下したとしても、私が国家資格を有する医師でない限り、診断を行った時点で、それは違法行為とみなされます。

それゆえ、私は病気を治すことはできません。別のいい方をすれば、病気の診断をベースとした対症療法を行うことが不可能なのです。

ですが、逆に対症療法にとらわれないという点がヒプノセラピーの最大の強みであると私は考えています。つまり、

ヒプノセラピストは、病気そのものを相手にしないのです。
　対症療法における治療プロセスの中心には医師がいます。医師のみが診療行為を行えるからです。しかし、診断を行うことが許されていないセラピストは、その代わりに、クライアントさんを深い催眠状態に入れた上で、その潜在意識に、今、自分に起きている問題の原因は何かということを問いかけ、それを解決するためには何が必要であるのかを尋ねます。実はヒプノセラピストが行っていることはこれがすべてです。診断という症状の客観的評価を行えないがゆえに、セラピストはすべての判断をクライアントさん自身の潜在意識に主観的にゆだねることに専念します。そして、この「ゆだねる」ということが、ヒプノセラピーを支える根本原理となっています。
　「すべての治癒は自然治癒である」とはよくいわれることですが、その意味でヒプノセラピーは究極の自然治癒療法であるといってもよいのかもしれません。人の心と身体に最も多くの影響を与える潜在意識に、症状の原因と解決を100パーセントゆだねるのがヒプノセラピーなのですから。しかも、ほとんどのケースでは、潜在意識そのものが問題となっている症状を生み出しているので、それはまるで事件の推理を犯人自身にさせているようなものなのです。
　ですが、「どんな悩みがあっても、とりあえず催眠にか

かりに来てください！」ではあまりにもいい加減ですし、クライアントさんも不安に感じられることでしょう。

　そこで、銀枝庵に来院されたクライアントさんのご相談内容から「ヒプノセラピーにできること」の一部を紹介したいと思います。

Chapter 2 ヒプノセラピーとはどのような療法なのか？

心の悩み

- ひどく気分が落ち込む
- 他人の目が気になる
- いつも不安を抱えている
- 元気が出ない
- 生きる気力がわかない
- マイナス思考を変えたい
- 自分の存在意義がわからない
- 過食（拒食）がやめられない
- 興味や喜びの気持ちがわかない
- 赤面する
- 人前であがる
- 緊張がひどい
- 視線が怖い
- 夜、ぐっすりと眠れない
- 自死への強い願望がある
- 人と向き合うのが怖い
- 人と一緒に食事ができない
- 人間関係での悩み（親子、パートナー、職場など）がある
- リストカットを繰り返してしまう
- 性の悩みがある
- ストレスを感じている

Mental

Chapter 2 ヒプノセラピーとはどのような療法なのか?

身体の悩み

- 禁煙したい
- 夫婦生活を充実させたい
- ダイエットしたい
- 肩こりをどうにかしたい
- アルコールをやめられない
- 疲れやすい
- 手足がこわばる
- 腰が重い、痛い
- めまい、ふらつきがある
- 手足のしびれがある
- 身体がほてったり、寒気を感じる
- 胸が急に苦しくなる
- 動悸が続く
- 吐き気を繰り返す
- 呼吸が苦しい
- おねしょをしてしまう
- トイレが近い
- 頭痛が続く
- 吃音がある
- バストアップしたい
- 乗り物酔いを緩和したい

Body

その他の悩み

- 学校の成績を上げたい
- 短期間で TOEIC の得点をアップさせたい
- 不登校をどうにかしたい
- 試験のための自信をつけたい
- 失くしてしまった結婚指輪のありかを知りたい
- サッカーの試合で得点力を増したい
- ゴルフのスコアを伸ばしたい
- 営業成績を伸ばしたい
- 仕事の悩みを解決したい
- 子育ての悩みを解決したい
- 偏食を治したい
- 自己催眠を学びたい
- 出産の不安、痛みを軽減したい
  (ヒプノ・バーシング)
- ペイン・コントロール
- 緩和ケア

Others

ここまで読んでいただければおわかりかと思いますが、ヒプノセラピーで重要なのは病名ではなく症状・状態そのものです。

　もちろん、実際のところは、クライアントさんが医師の診断を受けた上で、「うつ病」や「パニック障害」で悩んでいると自己申告される場合が多いのですが、そうしたケースでも「うつ病だからこのように治そう」という治療方針があるわけではありません。

　まずは症状・状態を確認した後、催眠状態へ入っていただいて、潜在意識にその原因と解決策を尋ねるのです。あまりにもシンプルですが、そのシンプルさこそがヒプノセラピーの最大の魅力であると私は考えます。

Section 5 ヒプノセラピーはなぜ効くのか？

　ヒプノセラピーのセッションを行っていると、ときには、セラピストである私自身が驚くほどの結果が出ることがあります。数年間病院に通って何の改善も得られなかったクライアントさんの症状が、わずか数回のセッションで消えてしまうことも珍しいことではありません。

　そのような場面に直面すると、ヒプノセラピーの力に改めて驚かされます。そして、この癒しの力の原動力であり、なおかつ症状の原因ともなっている人の潜在意識の働きの不思議さに魅了されてしまいます。

　「ヒプノセラピーがなぜ効くのか？」という質問については、すでに「プレ・トーク」の中で説明させていただきました。人の抱えるほとんどの悩みの裏には、潜在意識の機能の1つである防御機能の暴走という現象があり、ヒプノセラピーでは潜在意識に働きかけることで人の危機に対する認識を変容し、過剰反応をしている防御機能を抑えることで症状を緩和するのです。

　しかし、上に書かれているのはあくまでも理論であり、我々ヒプノセラピストが具体的にどのような形で潜在意識にアプローチするのかについては、十分な説明がなされて

いません。

　クライアントさんの中には、療院でご自身の潜在意識、つまり「心」がどのように扱われるのかが気になっている方もいらっしゃるでしょう。そこで、私がこれまでに手がけたセッションの中から比較的療法のプロセスがわかりやすい例を紹介することで、こうした不安を払しょくできればと考えました。

　以下は、医師からパニック障害の診断を受けた後に銀枝庵を訪れたある男性クライアントさんのセッション例です。

　このクライアントさん（以下、Tさんと呼びます）は、ある日ホームセンターで買い物をしていたところ、急に動悸が激しくなり、冷や汗が吹き出し、その場に立っていることができなくなりました。その後、何の前触れもなく突然こうした状態になることが続いたため内科を受診したところ、身体的には何の問題もないという診断を下され、心療内科の受診を勧められました。後日、心療内科の医師からパニック障害との診断を受け、半年ほど投薬治療を続けたのですが突発的な発作は改善せず、私のクライアントさんでもあった友人から当院のことを聞いて来院されました。

　セッションでは、プレ・トークの後、催眠導入を行い、必要な深度の催眠状態に入ったことを確認した上で退行催

眠を行いました。Tさんの潜在意識の中にある記憶の海に飛び込んでいただき、発作の原因となった出来事が最初に起こった場面へと遡って行きました。

そこは暗い建物の中で、4歳のTさんは父親の隣でふかふかの椅子に座っていました。大きな音がして、目の前では大きな絵が動いている。どうやら、映画館のようです。当時4歳だったTさんは、わくわくしながらスクリーンを見つめていました。その映画は外国の警察コメディだったようで、登場人物たちの話している言葉はわからないものの（恐らくは字幕が読めなかったからでしょう）、動きや音楽がとても面白く、Tさんも楽しみながら観ていたそうです。

さて、その映画の中で、登場人物の1人の警官が、偶然、銀行強盗の現場に出くわして、犯人たちに向かって銃を発砲するというシーンがありました。もちろん、コメディですから凄惨な描写があるわけもなく、パーンと乾いた銃声がした後に犯人一味の1人がお尻を押さえて倒れるという場面だったのですが、その瞬間、状況を説明しているTさんの息が荒くなり、額は玉のような汗で覆われました。両目を閉じた顔に怯えるような表情が現われたため、すぐに場面を変えて、Tさんが一番初めに発作を起こしたホームセンターの場面へと移動する暗示を入れました。すぐに

彼の表情は穏やかなものとなり、呼吸も落ち着いてきましたが、しばらくすると再び表情が曇り、息が荒くなりました。その瞬間をとらえて、私はTさんに自分が今何を目撃したのかを尋ねました。すると、彼は息苦しそうに「銃だ、銃だ、怖い！」と答えました。

　もちろん、日本のホームセンターに銃が売っているわけがありません。暗示でTさんの気持ちを落ち着かせてから、実際に彼の目に映ったものが何であったのかを探ってみたところ、それは大工用具コーナーで販売していた、金槌とそれを収納する革製のケースでした。この袋はベルトに取り付けて、腰のところで金槌を吊り下げることができるようになっているのですが、なるほどそれはホルスターに収納した拳銃のように見えないこともありません。

　つまり、Tさんはホームセンターでたまたま自分の視界の中に入ったケース入りの金槌を、ホルスターに入った拳銃だと思い込んでいたのです。もちろん、彼は日本のホームセンターに銃があるはずがないことを理解していますし、そもそもセッション前のカウンセリングでは、金槌のことなど一言も触れることはありませんでした。しかし、彼の「潜在意識」は金槌を拳銃だととらえて、過剰な反応を示したのです。

　その反応についてもう少し詳しいことが知りたかった

ので、私はTさんを再び4歳時の映画館へと送りました。そこで、警官が銀行強盗に発砲するシーンを改めて観てもらい、そのときに彼が持った「感情」についていくつかの質問をしました。

　幼いTさんはまずパーンという発砲音にとても驚いたそうです。そして、撃たれた強盗が倒れる姿を見て、警官が手にしている小さな道具の威力に、恐怖を感じたそうです。周囲の大人たちは強盗が大げさにうずくまる姿を見て笑っていましたが、彼自身は強盗がひどく痛そうな顔をしていたのでかわいそうになり、笑うことはできなかったそうです。

　Tさんのケースでは、映画での発砲シーンが銃に対する恐怖心を彼の潜在意識の中に植え付けました。このように、ある症状の起源となる出来事のことを、ヒプノセラピーではISE（Initial Sensitizing Event＝原初的感作事象）と呼びます。そして、ISEの後に続くトラウマ的出来事のことを、SSE（Subsequent Sensitizing Event＝継続的感作事象）と称します。

　ISEは人の潜在意識に「トラウマ」という名のコップを作り出します。Tさんのケースですと、4歳のときに観た映画がきっかけとなって「銃に対する恐怖」というコップ

が作られたのです。その後、彼が銃や、銃声や、あるいは銃に形が似ているものに触れる度に、このコップの中には一滴一滴恐怖心という水が注ぎこまれます。これがSSEです。

例えば、Tさんのを探ってみたところ、ドラマでの銃の発砲シーンを見たり、子どもの頃に水鉄砲で遊んだり、あるいは花火の破裂音を耳にしたときに、一滴一滴とトラウマというコップに水が増えていったことがわかりました。

SSEの1つ1つは本人も気付かないような小さな恐怖心ですが、それがコップにたまり続けると、いつしか溢れ出る瞬間がやってきます。Tさんにとっては、それが最初のパニック発作が起こったホームセンターでの出来事でした。ケースに収められた金槌がホルスターに入った拳銃のように見えたという実に他愛のない出来事でしたが、それは表面張力の限界に達していたコップの水を溢れ出させるに十分な最後の一滴だったのです。

こうした、最終的に症状が出るきっかけとなる出来事を、ヒプノセラピーではSPE（Symptom Producing Event＝症状発生事象）と呼びます。ほとんどのクライアントさんは、この出来事が症状の原因であると勘違いされますが、SPEはあくまでも引き金に過ぎないため、これを処理し

たところで症状の改善には至りません。根本原因であるトラウマのコップはそのまま残っているからです。

さて、SPEという引き金が一度でも引かれると、潜在意識は恐怖心に過敏に反応するようになります。Tさんの場合、本人が気付かなくても、銃に関連する何かを見たり、聞いたり、感じたりするたびに歯止めのきかなくなった恐怖心が暴走するようになったのです。

恐怖心というのは、潜在意識の防御機能の根っこにあるものです。人が現実もしくは想像上の危険に対して恐怖を感じると、回避を促すための生物学的反応が起こります。例えば、心拍数を上げて手足の筋肉に血液を巡らせることで、防御の姿勢を取りやすくしたり、その場から素早く立ち去るための準備を整えたりします。また、大脳ではホルモンが分泌されて脅威に対する集中を高めたりします。

しかし、恐怖心が必要以上に高まると、人の心と身体はそれに正しく反応することが逆にできなくなってしまいます。Tさんの動悸が急に激しくなったり、冷や汗が吹き出たり、その場に立っていることができなくなったことは、行き過ぎた恐怖心が引き起こしたものなのです。

こうした恐怖心を消し、暴走した防御機能を抑えるには、恐怖体験1つ1つを相手にして調整を施しても埒があきません。必要なのはそうした恐怖心をためこんでいるトラウ

マというコップ自体を壊してしまうことです。

　このコップの壊し方こそが、ヒプノセラピーの要であるといっても過言ではないのですが、そのやり方についてはセラピストごとに様々なスタイルがあります。私が師匠から学び、療院で採用している技法には退行催眠を利用したものが多いのですが、その具体例の1つをTさんのセッションから引き続き紹介しましょう。

　SSEを確認した後に、私はTさんを一度「今、ここ（銀枝庵）にいる自分」に戻して状況分析をしてもらいました。するとTさんは、あの出来事が単に映画の（しかもコメディ映画の）一場面であったということ、実際に強盗は死んではいないこと、そもそも日本では拳銃を手に入れることは難しいので、一般市民が銃で撃たれる可能性は大変低いことなどを挙げました。それを受けて私はこのように告げました。
「では、今度は私と一緒に4歳のあなたに会いに行きましょう。あなたはそこで大人のあなたとして4歳のあなたと向き合い、あなたが知っていることを彼に伝えることができるようになります。そう、強盗が撃たれたのはあくまでも映画の中だけのことで、実際に彼は死んでいないこと。日本では銃の所持は違法で、厳しく取り締まりをしている

ので、心配する必要がないこと——何でも構いませんから、大人のあなたが４歳のあなたの誤解を解き、恐怖心を和らげるような言葉を伝えてあげてください」

　私は数をカウントし、大人のＴさんを伴って映画館へと戻りました。そこで彼を４歳の自分と引き合わせ、先ほどの言葉を伝えるように促しました。数分後、２人の会話が終わると、私は４歳のＴさんの心の中に銃への恐怖心が残っているかどうかをテストしました（このときは必要ありませんでしたが、恐怖心がまだ残っている場合は引き続き大人のＴさんに説得をお願いするか、私自身が乗り出して銃への認識を変えることを試みます）。

　次に私はＴさんをいくつかのSSEへと退行させ（実際はISEより未来へと向かうのですが）、トラウマの影響が無くなっていることを確認しました。それからＴさんにSPEを再び体験してもらい、そこでも何の症状が出ていないことを確かめたうえで、仕上げに架空の未来の一場面で銃に関連する状況を作り出しました（この技法は、未来催眠法と呼ばれます）。そこで何も起きなかったので、トラウマが解消されたと判断しました。

　以上、ヒプノセラピーの一例を紹介しましたが、実際のセッションではより細かい催眠誘導および調整を行います

し、療法の効果を定着させるための別の技法も用います。ですが、ほとんどのセッションでの大筋はこのとおりですし、セッションの雰囲気を知っていただく意味では十分ではないかと思います。

Chapter 3

ヒプノセラピー体験者による
生の声

Section 1 実際に体験した人たちの話を聞いてみよう

＊本章では、銀枝庵で実際にヒプノセラピーを受けられたクライアントさんによる体験談を紹介します。
なお、症状の欄には病名が書かれていますが、これはクライアントさんがあらかじめ医師による診断を受けたうえで自己申告したもので、銀枝庵にて診断を行ったものではありません。
体験談は、ご本人から許可をいただいたものを、できる限りそのままの形で掲載しております。

精神の悩み

Case 1　症状：うつ病
　　　クライアント：女性（20歳）　セッション回数：3回

　ヒプノセラピーと出会うまで、私は心療内科からうつ病と診断されていました。

　高校生の時、それまで勉強に部活、趣味、友人関係に張り切っていた気持ちが突然針で穴をあけたように萎んでしまい、それら全てに情熱が持てなくなったのです。原因は「疲れたせいで気分が落ち込んだからか？」と思いつつ自分でもはっきりとはわかりませんでした。

具体的な症状は、①やるべき事（学校の課題から友人へのメールの返信等軽いものまで）に手がつかない、②かつての趣味に熱中できない、③人と接したくなくなり人と会う状況を避ける、④常に憂鬱で自己嫌悪している、⑤不眠症、⑥思考力・会話力の後退……といったものです。

高校は退学、２年間自室に引きこもりほぼ寝たきりの生活をし、なんとか大学に進んだものの根本的な変化は無く、人と接する授業は出席できずにほとんど落としてしまうという状況でした。

そんな中、藤野先生からヒプノセラピーの話を伺って興味を持ち、治療を受けることになりました。

当初は催眠という言葉に対し「無意識の世界」というイメージを抱き、超常的な方法で「先生に助けてもらえる」と期待した面が大きかったです。

しかし、初回のセッションで先生が強調したのは、「催眠とは意識を究極に研ぎ澄ます状態であり睡眠（意識のない世界）とは逆である」、「ヒプノセラピストは登山でいう道案内役に過ぎず、自分の症状が治せるかどうかは自分の力次第である」という点でした。また、セッションでは「心の構造」を丁寧に説明することに時間が費やされ、催眠とは超常的どころか非常に現実的、論理的な世界だということがわかりました。

実際に催眠にかかった状態を説明すると、「セラピストさんの誘導の言葉に従って『過去の負の感情の清算』という行為に意識を一点集中する」という感じです。
　自分の経験や心情は自分にしかわかりませんし、患者がイメージしたもの全てをセラピストに伝える必要はないので、過去の出来事や気持ちを知るのも、それに対し語りかけるのも、あくまで自分１人です。しかし最短ルートでそれが達成できるのは、セラピストの先導の言葉があるからこそだと思います。
「初めて憂鬱感を覚えたのはいつですか」、「ではその頃の気持ちを説明してください」、「口に出さなくても、心の声で構いません」、「ではその頃の自分に話しかけてみましょう」……といったセラピストの言葉に従って段階的に自分の過去をたどると、最終的には不思議と「原因」らしき出来事にたどり着き、それの清算もできてしまいました。
　まさに登山のように、案内の通りに道を行けば必ず目的地に到着すると信じ、予定外の事が起こっても慌てず案内者の判断を待って、ひたすらその指示に従った結果、目的地に到着したという感じでした。
　その後、すぐに「何事にもやる気満々で人生が楽しい！」という生活に切り替わったわけではありませんが、ヒプノセラピーを受けて以降の半年間を振り返ると、最初に挙げ

た症状が全て改善している（いくつかは完全に治っている）ことに気付いて驚きました。1日中夢中で本を読んだり、絶縁状態だった高校時代の友人を自分から誘って再会したり、1日教科書何ページと決めてコツコツ勉強をしたり……と、ここ数年では考えられなかった行動がいつの間にか難なくできるようになったのです。

この変化の原因は、ヒプノセラピーのセッションを通じて心の構造の論理を知り、「過去の清算」をしたことで、「嫌なことはまた自分なりに清算をして再出発すればいい」という心構えが身についたからだと思っています。

過去に囚われず今の一瞬一瞬を充実させる喜び、そのための行動を起こすことを恐れない心を教えてくれたヒプノセラピーの存在と藤野先生には、感謝してもしきれません。

Case 2　症状：強迫性障害
　　クライアント：男性（20歳）　セッション回数：4回

今の私は強迫観念がだいぶ和らいで、ひどい時でも普通の人が感じる、ジンクス程度になっています。今、強迫観念で大変苦しい思いをされている方、絶対に良くなります。しかし、治すことに向きあわないと絶対にこの病気は良くならないと思います。

ですから、催眠を受けた上で、行動に移さないとあまり

良くならないかもしれません。

　私は、ヒプノセラピーにプラスして一般的な強迫性障害の治療で行う、薬物療法及び認知行動療法の曝露反応妨害法を行いました。

　曝露反応妨害法とは、強迫を感じる物や場所に自ら身を置き、その状態に自分が強迫を感じないように練習することです。

　つまりは、通常の生活を送ることではないでしょうか。

　そして、私は１年で病気がひどくなる前よりも良くなっているくらいになりました。

　そこで感じたことは、治すことにおいて大切なのはこうした療法を実践すること。そしてそれができるように早くなることです。

　生活に支障を感じるほど強迫性障害に悩まされている人には、曝露反応妨害法なんてできっこありません。簡単にできていたらそもそも病気にはなりえません。しかし、やらないといつまでたっても治りません。曝露反応妨害法ができる姿こそが治った姿なのです。

　実際、この病気を治すには曝露反応妨害法を実践することが必要なのです。それを早くできるようにする為に、森田療法を使って不安と向き合う練習をしたり、薬物療法（SSRI）を使って化学的に強迫が湧かないようにします。

しかし、これにはかなりの時間や労力、そして違うものへの副作用や影響が出てしまいます。

そもそも強迫が湧くこと自体は病気ではないと思います。誰でも体験したことがあるといえます。

では、なにが違うのでしょうか。私はやはり強迫性障害の人特有のものがあるからだと思っています。脳の機能に支障があるともいわれています。だから単なる強迫で生活に支障をきたすまでになってしまうのだと考えています。

私は、ヒプノセラピーを受けたことで強迫とはそもそも何かを知り、なんで強迫を湧かせるのかの理由を理解し、その上で曝露反応妨害法をし、頭に強迫を湧かせなくても大丈夫だとトレーニングをしたことで、元に戻ったと感じています。

ヒプノセラピーの長所は強迫を湧かせる原因がわかることだと思います。だからこそみるみる治るのではないでしょうか。

薬物療法で強迫をあいまいにさせたり、森田療法で強迫に慣れたりしても結局はじわじわ気持ち悪く強迫が残ってしまって、それが足を引っ張り、治るまでに時間がかかってしまうと感じます。

ただでさえ、強迫性障害の人は中途半端なことが嫌な方が多いと思います。そのような人が、中途半端な治療法を

受け入れることで、かえって治癒までの時間がかかることは目に見えています。

ヒプノセラピーは、すごくスッキリするのです。自分自身の頭に強迫観念を湧かせる理由がわかるのです。

ですが、他の療法の考え方も知った上で、併せて実践してください。特に薬物療法はバランスが大事だと思います。薬によって強迫を湧かせないようにしているため、曝露反応妨害法がスムーズに進んだと感じています。

また、日々心の状態は変化します。ヒプノセラピーを受けてから間もない時は、状態が悪い日もあります。そうした時には、森田療法の考え方が役に立ったと感じています。

とにかく、治すことを諦めないでください。そしてヒプノセラピーをうまく使い、自分なりのコツをつかんで曝露反応妨害法を多く実践し、元の生活に帰りましょう。

そうしたらビックリするくらい元の生活は近いものだとわかります。

Case 3　症状：うつ病

クライアント：男性（42歳）　セッション回数：4回

きっかけは、新部署への配置換えでした。花形の営業部門への栄転でしたが、とにかく仕事がきつく、残業に次ぐ残業の毎日。ストレスは溜まる一方。身体は疲れているは

ずなのに眠れなくなり、眠ったと思っても翌朝に疲れが抜けない。

やがて、帰りの電車の中でひどい倦怠感を感じるようになり、最寄駅に着いてもシートから立ち上がることができずに乗り過ごしてしまうことが何度も続きました。

さすがに見かねた妻に半ば強制的に病院（内科）へ連れて行かれ、様々な検査を受けるものの「異常なし」との診断を受けましたが、担当医師から精神科での受診を強く勧められ、そこで、うつ病と診断されました。それからは悪化の一途をたどるばかりで、3カ月後には会社を休職するに至りました。

銀枝庵のことは、あるうつ病専門のポータルサイトを通じて知りました。その頃は発病してからすでに10カ月が経っており、とりあえず半年間と決めた休職期間も終わりに近づいていました。すでに元の部署への復帰は諦めていましたが、仕事だけはどうしても続けたいと考えていた私は、強い焦燥感に駆られていました。「どんな方法でもいい。仕事に復帰できるのであれば、何でも試してみたい」という想いで情報を探していたのです。

銀枝庵を選んだ理由は、自宅と同じ沿線にあり通いやすかったのと、メールでの相談が無料であったことです。そして、何度かメールをやり取りする中で「この先生なら信

Chapter 3

ヒプノセラピー体験者による生の声

頼できる」と直感し、施術をお願いすることにしました。

　初回の催眠誘導では、正直、自分が催眠にかかっているという感じはありませんでした。先生からは「深い催眠状態に入っているサインがちゃんと出ていますよ」との言葉がありましたが、その時は半信半疑でした。退行催眠という、過去の自分の記憶を呼び戻す（？）催眠もやっていただきましたが、自分ではうつ病と何の関係があるのかさっぱりわかりませんでした。それでも継続して施術を受けようと決めたのは、先生の「今日のところは、まだパズルのピースがバラバラの状態で、恐らくは何が起こっているのかご理解いただけないでしょうが、必要なピースはすべて揃いましたよ」という言葉に妙な説得力を感じたからです。

　1週間後に2回目の施術を受けましたが、そのとき先生に「新しい部署での仕事のストレスは確かにあなたの症状の引き金であったかもしれないけど、それは原因ではないんですよ」といわれて心底驚きました。私自身はそれこそが原因であると確信していたからです。では原因は何だったのか？　私と家族のプライバシーに関することなので、ここに詳しく書くことはできませんが、私の生い立ちにその根っこがあったのです。

　このことは大変なショックで、私にとって受け入れ難いものでした。急に催眠が怖くなり、先生の誘導を拒絶して

しまいましたが、先生は穏やかに「今日はここまでにしておきましょう。少し時間を置いて、また来たくなったら来てください」といってくださいました。その日は次回の施術の予約を入れずに帰りました。

3回目の予約を入れたのは3週間後でした。施術の中で改めて知った（気付いた）事実を自分の中で消化するには、それだけの時間が必要でした。今思えば私は年甲斐も無く拗ねていたのかもしれません。そんな私を先生は快く受け入れ、それだけではなく「前回は半分の時間で中断してしまいましたから、今日は少し長めに時間を取りましょう」とまでいってくださいました。

この日の施術では、自分の中でも大きな変化を感じました。自分の過去と正面から向き合い、それを受け入れることができたのです。その中で、確かにうつ病のきっかけになったのは仕事だけれども、その根本にあったのは自分の心の中にあった「ものの見方」だったと気付きました。

その1週間後に受けた最後の施術はとにかく穏やかというか、優しさに満ち溢れていて、私は思わず泣いてしまいました。しかし、それは哀しい涙ではなく嬉し泣きでした。施術の直後から、私は身体から憑き物が落ちたような感じを持ちました。心も身体も信じられないほど軽くなっている自分を発見しました。

1カ月半後、私は無事職場に復帰することができました。同じ営業ですが、サポート・グループというロジスティック業務が中心の部門に所属が変わり、今は少しずつ仕事の感触を取り戻しているところです。まだ、精神科への通院は続けていますが、施術後は薬も大幅に減らすことができ、身体への負担も軽くなりました。まだまだ完治への道のりは続きますが、自分の中で「もう大丈夫だ」という確信があります。それは自分の心の奥底を、目をそらさずに見つめたことの自信から生まれたものです。先生にお世話にならなければ、決して得ることができなかった自信です。本当に感謝しております。

Case 4　症状：産後うつ
　　クライアント：女性（26歳）　セッション回数：3回

　結婚して4年目にようやく授かった娘は生まれつき体が弱く、発熱して夜泣きすることが多くありました。そのため、昼と夜とがすっかり逆転してしまい、だからといって昼間の家事をサボるわけにはいかず、毎日ストレスを感じながら生活していました。

　夫は私のためを思って、できる家事は手伝ってくれたり、休日には息抜きが必要だろうからと娘の面倒を見てくれる時間を設けてくれたりと十分にサポートしてくれましたが、

例えばそうした時間に外出して買い物などをしていると、以前は自由にできたことができなくなってしまっていることをかえって思い知らされるような感じがして、逆に落ち込んでしまうこともしばしばありました。

　ある晩、いつものとおり娘の夜泣きで深夜に起こされたとき、私はこれまでに感じたことのない苛立ちの感情を持ちました。まったく泣き止む気配のない娘に対して「お前のせいだ。お前のせいで、私はこんな真夜中に起きなくちゃいけないんだ」という強い怒りが湧いてきて、思わず娘の口を手で覆ってしまいました。すぐに我に返り、手を放しましたが、自分がしたこと、そして、しようとしたことが信じられず、急に怖くなって体中の震えが止まらなくなりました。夫を起こし、娘の面倒を見てもらいましたが、その晩は朝まで震えが止まらずに一睡もすることができませんでした。

　そのときから、普段何でもない時でも急に体が震えるようになったり、涙が止まらなくなったりするようになりました。そして、娘と接することに恐怖を覚えるようになってしまいました。自分がいつまた、あのような状態になり、そのとき娘に何をしてしまうのかがわからず、ただただ怖かったのです。

　ネットで色々調べてみると、どうやら私は「産後うつ」

と呼ばれる病気にかかっているらしいことがわかりました。産後うつ病の治療は、うつ病同様、カウンセリングと薬物療法を組み合わせた治療法が一般的に行われます。ですが、私はそのときそのどちらの治療も受ける気が起きませんでした。なぜなら、カウンセリングも薬物治療も効果が出るまでに時間がかかることを知っていたからです。

　今考えると、それも産後うつの症状のためだったのかもしれませんが、その時の私はとにかく即効性のある治療を求めていました。数カ月を要する治療だと手遅れになってしまうのではという焦燥感にかられていたのです。銀枝庵のことはうつ病のポータルサイトで知りましたが、セッションをお願いしようと思ったのは、ホームページに３回程度で結果が出ると書かれていたからです。

　夫とも相談して、初回は自宅での出張セッションをお願いすることにしました。セッション中は夫が娘の面倒を見てくれました。セッションの内容については明かすことが難しいのですが、幼少期の母との関係、そして結婚前に夫がいった一言（後で確認してみたところ、本人はまったく覚えていませんでした。私も記憶になかったのですが）が、今回の症状を引き起こした原因になっているとのことでした。初回は原因を特定したところで終わりました。

　初回セッションの直後から、不思議と気持ちは楽になっ

ていましたが、きちんと治しておきたかったので継続セッションをお願いしました。色々と事情があって、2回目、3回目のセッションは神楽坂のサロンで行うことになりました（著者注：現在は、出張セッション、神楽坂でのセッションはご提供しておりません）。

　2回目からは「あるワーク」（著者注：クライアントさんに先入観を与えないために曖昧な表現をお願いしました）をセッションで行うのですが、これは自分にとっては大変難しいことでした。先生に導いていただいて、どうにか行うことができたのですが、その先生も「正直、セッションを成功させるのは難しいかと一瞬考えた」といわれたほど、最初は激しく抵抗してしまいました。先生が粘り強く、私の心をほぐしてくださらなかったら、絶対に成功することはなかったと思います。

　結果として3回でセッションは終了し、私の産後うつは完治しました。娘の夜泣きもまだまだ続いていますし、大変なことに変わりはないのですが、以前と比べて客観的に状況が把握できるようになったことと、息抜きが上手にできるようになりました。そして何よりも、私自身の心の中に「娘を愛してもいいんだ。私には娘を愛せるんだ」という信念のようなものが生まれたことが、私を立ち直らせてくれました。

ヒプノセラピーというものに不安を感じている人も多いかと思います。私は切羽詰まっていたので、あまり何も考えずに受けてしまいましたが、もう少し冷静だったら躊躇したかもしれません。ですが、私が藤野先生から受けたヒプノセラピーは、きちんと理にかなった素晴らしい心理療法でした。最後にそのことを書いて、私の体験記を終わりたいと思います。

Case 5　症状：低い自己肯定感と罪悪感、息苦しさ
　　クライアント：女性（33歳）　セッション回数：3回

　大きく症状として何かというわけでなく、低い自己肯定感と罪悪感が強くあり、生き辛さを感じていましたが、恋人との同居の解消で、一気にその感情が悪化し、このまま生きていたらそう遠くない将来、自分で自分を殺すのではないかと、半ば確信めいてそう思っていました。

　当然そんな感情を隠したまま普通に生活はできず、原因も解らず（今となっては気付かないように蓋をしていたと思います）ただ日々をやり過ごしていました。

　もしかしたら原因は、私の家族関係にあるのかもしれないと思い、また、母親が築いてきたようなアタッチメントを繰り返しそうな自分に嫌気がさしてもいて、家族機能に関する本を読んだり、自助グループ、カウンセリングにも

参加してみましたが、本には説得力が読み取れず、自助グループも苦しいだけで、カウンセリングには効果を感じることはできませんでした。

　ヒプノセラピーというものは前々からなんとなく知ってはいましたが、「催眠＝いつかとけてしまう」というイメージで根本からの解決になるのか疑問をもっており、興味があまりもてないでいました。

　しかし、初日の講義で、催眠とは自分の潜在意識というOSのなかで、「生き辛さを感じさせるアプリケーションをアンインストールして、新しく正常に動作するアプリケーションをインストールするようなもの」という説明をうけ、その疑問は解消されました。

　セッションでは観察されている感じを物凄く受けて、少し警戒しそうになってしまいましたが、同時に自分が余りにも潜在意識に振り回されていたことが解ったのと、私の症状が酷くなっていった原因である、以前の恋人との関係が潜在意識に触れるような関係だったことに愕然とし、泣き出してしまいそうになっていました。

　初回はやはり少し苦しかったのですが、それまでのカウンセリングで感じた、なんとなく余計に捻れてしまった感じは無く、なにか変化が起こる予感がしていました。

　自分でも驚くほどの変化を感じたのは２回目でした。自

分の何かが膨張して世界との境界が曖昧になり、世界と私がひとつになった感覚がありました。意識ははっきりしていました。施術後に目を開けると、窓の外の景色が全く違うものに見えていました。ですが、それが強烈な感覚というわけではなく、まさに何かが抜けた、という感覚でした。２回目の施術に向かう際、緊張感が大きかったのですが、自分でも変化を予想していたのかもしれません。

　３回で良くなる、と藤野先生が初回でおっしゃったのですが、その通り３回の施術ですっかり変わりました。

　何かが変化した後というものは、酔ったような強烈な感覚があるものですが、今回の施術では「アガる」というのではなく、全て冷静に、確実に深く変化を受け取ることができました。それは、強制的に変化させたのではなく、自分で変化をのぞみ、難を乗り越える為のシェルパである藤野先生を信頼して、必要なプロセスを経て変化が起こったからだと思っています。

　３回の施術全てが、長時間におよび、それでも丁寧に導いて頂いた藤野先生には感謝しています。あんまり最初からニコニコしてないところも、私にはとっても信頼できたポイントです（笑）。

　催眠の体験は私が私自身を助ける術を見つけさせてくれました。

私たちには私たちの数だけ世界があり、それはすべてその人にとって本物であり、その本人にしか、何人もその世界を侵すことはできません。

藤野先生のおっしゃった、「これから楽しんで生きて行ってください」という言葉が日に日に重みをまし、実感できるようになっています。

今でも悲しいことは起こります。不安になったり、怖くなったりするのは、人間の当り前の感情なので、自分にもそれをある程度許すことにしています。でも、自分を蝕んでいくような不安や恐怖心を、それ以上酷くしない技術を手に入れることができました。それが、短時間でできるようになったので、とても驚いています。喜びや楽しいことをいつか失うのではという恐怖感が無くなり、苦しいことも、催眠によって過去の大きな困難を克服したという経験があるという自信で、もしトラブルが有ったとしても、いままでのような大きな恐怖感は無くなりました。

愛されているという実感、私も「正しく」人を愛せるのだということを「学び」ました。催眠は施術者のいいなりになるのではなく、自分自身の経験や感情の整理、正当な自分の構築した世界を手に入れるプロセスなのだと思いました。

催眠で昇華された私の困難たちは、いつか誰かの苦しみ

を分かつ糧になるのだとそう信じています。

Case 6　症状：対人関係がうまく築けない
クライアント：女性（33歳）　セッション回数：3回

「問題点に気づけたら解決したも同然」とは良く耳にする言葉ですが、まさに"いうは易く行うは難し"で「気づきを妨げる障壁は自分自身の心にある防衛機能」である……と頭でわかっていても自力ではなかなか解決できません。

"過去の不快な感情＝心の傷"と直面することは「日常意識が"心の傷"から支配を受け続けている」状態では困難だからです。

ところが『ヒプノセラピー』では、心の仕組みについてレクチャーを受け施術者と治療同盟を結ぶことにより「意識を保った状態のまま無意識にアクセスする枠組みを作り、心の傷をスピーディに言語化して処理できる」ということに新鮮な驚きを感じました。

自我が幼く未熟な状態で受けた"心の傷"は、その後も人間関係に投影され続け、「対人関係を円滑に運べない生き辛さの感覚」を生んでいました。

この長年にわたり抱え込まれていたネガティブ感情を催眠下のイメージワークで認識し解放することにより、「他人の反応を先回りして読み心のエネルギーを無駄使いす

る」ことが減って精神的な余裕が生まれてきました。

　また"心の傷"による認知の歪みは「肩こりや目の疲れなど肉体的な不調」や「集中力・注意力・判断力」などに影響を及ぼしていることにも気付きました。

　精神的肉体的な制限が減ったことで久しぶりに長編小説を読むことができるようになりましたので、以前気になっていた京極夏彦の『百鬼夜行シリーズ』13冊を読破しました。終戦後間もない混沌とした時代を背景としたこの作品群に描かれる【憑きもの（呪術的思考）落とし】とは、ヒプノセラピーで心の呪縛を解く儀式的プロセスに似ています。【憑きもの落とし】を行う主人公は陸軍で宗教的洗脳を研究していたという前提ですが、確かに閉鎖的な心理環境下で行う洗脳とは人の心に認知の歪みを作る心理操作のツールといえるでしょう。

　爪や髪が伸びたら切る、体や衣服が汚れたら洗う、というのは身体の物理的なクリーニング作業ですが「ヒプノセラピーで認知の歪みを取る」というのは、言葉とイメージによる"心のクリーニング"と例えることができます。

　催眠という技術が多くの人々の心の呪縛を解き「精神的に自立した幸福な人生」を送るために有意義に使われることを願ってやみません。

病気、身体の悩み

Case 7　症状：ハーブアレルギー
　　クライアント：女性（20歳）　セッション回数：1回

　初めて海外に行くことになり、お世話になるホストマザーがハーブが好き、ということから、私の幼少のころより抱えていたハーブアレルギーが問題となりました。

　しかしながら、事前に自らのアレルギーのことを先方に伝えていたこともあり、問題ではあれど治るのならば万々歳、治らずとも昔から付き合ってきた症状だから仕方ないことだと軽い心持ちから施術を受けてみることにしました。

　先生はとても柔和で優しい方だったので、当初は、よくあるカウンセラーのように、被験者の気持ちを包み込むような、生温い、眠ってしまいたくなるような退屈なヒプノセラピーでもするのかな、と思っていました。が、実際受けてみると、普段の先生とは打って変わって、スピード感あふれる、刺激的で力強い誘導が私を待っていました。とはいえ、それは決して強制感のある、思わず反抗してしまいたくなるような、嫌な押し付け催眠でもなく、まるで力と自信に満ちた指導者が私のために道を示し、歩み進むことを促しているような、厳粛な催眠誘導でした。

　先述した通り、私は軽い、半信半疑ともいい換えられ

るような心持ちで臨んだため、催眠にかかりつつも、心の中で、冷めた自分が客観的に先生の施術や自分のかかり具合を観察・分析していました。そんなある意味では非協力的な態度にもかかわらず、先生は施術中に、観察者としての自分に対しても、「理性はきちんと奥で自分を見ているから、嫌だと思ったり不快に思ったら、いつでもストップをかけられます」と話しかけてくださいました。ですから、私は自分で催眠状態から抜け出して勝手に平常に戻ったら、先生に怒られたり、嫌がられたり、失望させてしまうのではないか、という不安を抱くことなく、施術を受けることができました。

　私の過去の一部に触れる時、私が拒絶の反応を示したからか、施術が終わった後、先生は「今回のセラピーの成功率は7割くらいだろう」とおっしゃっていました。そして私は、先生の催眠時の世界観に浸る、というよりも、その時使われた手法や自分の変化に対する考察を続けていました。そのため、正直自分自身のアレルゲンに対する感情が変わって、ある程度耐えられるようになった自分に気付いた時、私はなぜ症状が軽くなっているのかわからず、理由を考えるのに必死でした。今までの知識で考えると、自分の反応はどちらかといえば催眠の効果がないであろうものだったからです。

さらに、海外に行ってから日本に帰国した後、私が本を読んでいた時に、ふと「あの施術をもう一度、自分自身でやってみたら、もっと良くなる気がする」と思い立ち、自室のベッドに横たわり、自分でもう一度先生がやってくださった施術をなぞりつつ、先に進んでいきました。もともと自分に催眠の心得があったこともあり、客観視していた自分がきちんと先生のことを見聞きしていたから、自分が施術者となることができ、今まで自分に施術してくれた催眠術師さん達の言葉を少しずつ思い起こしつつ、自分のペースで進めることができたのです。

　施術もどきの自己催眠が終わり、起き上がってみると、自分の中の感情と記憶の整理がつき、憑きものがおちたような気持ちになりました。自分の過去の出来事の因縁から解き放たれ、過去を過去として処理できるようになったのです。

　それを先生に伝えたら、とても喜んでくださいました。私は、ハーブアレルギーのみならず、他のアレルギー症状についても、「ある程度耐えられる」どころではなく、ほとんど平気に近い状態になっていることに気付きました。もともと食を楽しむことは大好きだったので、これから食べられるものの種類がぐっと広がり、ハーブの香りのする店の中でもゆっくりと買い物を楽しめるようになったため、

人生の選択の幅が広まったように思います。最後は自分の手で掴み取ったものの、先生の施術無しではたどり着くのが不可能に近いほどに困難なものだったでしょう。施術してくださり、本当にありがとうございました。

Case 8　症状：過敏性腸症候群（IBS）
　　　クライアント：男性（28歳）　セッション回数：3回

　私は昔から「お腹の弱い子だ」といわれ続けてきました。そのため、子どもの頃からできるだけお腹を冷やさないように、冷たいものを摂りすぎないようにと親から教えられ、自分でも気を使ってきました。

　そのせいもあって、大学生の頃まではひどく寝冷えをしたり、暴飲暴食をした後でお腹を下すことはありましたが、特にそれが気になることもありませんでした。

　ところが、社会人になった頃からひどい下痢にひんぱんに悩まされるようになりました。通勤の途中に腹痛が起こり、下車して駅のトイレに駆け込むことが多くなり、仕事中も激しい便意のためにひんぱんに中座をして、上司に注意されたこともありました。

　このため、腹巻をして寝るようにしたり毎日ヨーグルトを食べるようにしたりと、いろいろ試してみましたが、状態は一向に改善しませんでした。

会社の健康診断のときに医師に相談したところ、一度検査を受けるようにと勧められレントゲンや便の検査や内視鏡までやってみましたが、何の異常も発見されませんでした。検査を担当した医師から、そのとき過敏性腸症候群という言葉をはじめて聞かされました。それはストレスや精神的なプレッシャーが引き金となって起こるもので、病気ではないので症候群と呼ばれるが、これといった治療法は無く、ストレスを上手にコントロールしていくことが最善の策であるとのアドバイスを受けました。

　とはいうものの、仕事にはストレス、プレッシャーはつきものです。理性でストレスのコントロールが大事だとはわかっていても、身体の方は正直に反応してしまいます。別のよりストレスの少ない部署への所属替えを願い出ることも考えましたが、今の仕事の内容自体は好きであることと、病気ではないということで人事への説明が難しいこともあって、そのままどうにか我慢する形でこれまでやってきました。

　ヒプノセラピーは妻の勧めで受けることにしました。たまたまネットでホームページを見つけたそうです。はじめは「催眠なんて怪しいものは受けたくない」と正直思いましたが、妻が「何にもしないよりはマシだろうから、とりあえず受けてみれば」と繰り返すので、半信半疑のままセッ

ションを受けました。

　藤野先生は大学の先生もされているということで、何となくお堅いイメージを持っていたのですが、実際にお会いしてみるととても明るくて面白い（失礼）方でした。私はある中国拳法を趣味にしているのですが、先生も同系統の武術を練習されているということでこの話題で盛り上がり、「セッションとは関係のない話をしてしまったから」と時間を無料で延長してくださいました（笑）。

　自分でも意外でしたが、私は催眠にはかかりやすい体質であったようで、何だかボーっとしていたら初回のセッションが終わってしまいました。記憶がとぎれとぎれで、自分が何をいったのかも正直良く覚えていないのですが、先生は「色々わかりましたよ」とおっしゃってました。

　２回目のセッションの前に、前回のセッションで何が起こったのかを先生が詳しく説明してくださいました。私がストレスに対して過敏な状態にある原因が、私の過去にあったという内容でした。ある意味非常に大胆な推論だとは思いましたが、不思議とすんなり受け入れている自分がいました。２回目と３回目のセッションは、そうした過去のトラウマを私自身が認識し、それを受け止めるためのサポートを先生がしてくださったように思えました。

　セッションを受けた後も、突然の便意や下痢の症状がし

ばらくは続きました。しかし、ひと月ほど過ぎたあたりから、ほとんど症状が出なくなっていることに気付きました。急に止まるというよりも「あれ、そういえば最近お腹痛くならないな」という感じです。今でも無理をしたときは調子が悪くなるのですが、以前のように毎日のように症状が出るということは無くなり、これはヒプノセラピーを受けた結果であると私は確信しています。

　後で知ったのですが、妻は私の知らないところで病気について色々と調べていてくれたようで、ある雑誌の中で催眠が過敏性腸症候群に効果があるという記事を読んで、それから良さそうな先生を探していてくれたようです。私の背中を押してくれた妻にも、ここまで体と気持ちを楽にしてくださった先生にも感謝の気持ちで一杯です。

Case 9　目的：不眠
クライアント：女性　38歳　セッション回数：2回

　もともと私は若いころから眠りが浅い方だったのですが、4年前に産んだ最初の子の夜泣きがひどくて、それをきっかけに不眠になってしまいました。

　不眠には色々なパターンがあるということなのですが、私の場合はとにかく寝つきが悪く、寝床に入っても眠れるまで数時間かかり、やっと眠れても深い眠りに入った感覚

がほとんどなくて、疲れを感じたまま朝を迎えるという感じでした。

　とにかくしんどくて、何とかできないものかと睡眠導入剤を飲んでいた時期もあります。最初はものすごく効果があって、これで私の悩みは解決したと大喜びだったのですが、しばらくすると効果が無くなって、さらに朝起きたときに喉の奥や舌が苦くなるのが嫌で飲むのを止めてしまいました。

　銀枝庵さんを紹介されたのは、眠剤を飲むのを止めて3カ月ほど経った時のことで、睡眠不足による疲れがピークに達していて本当に辛い時期でした。親しい友人が催眠を受けてパニック発作が改善したという話を聞いて、私も試してみようと思ったのです。

　それまで私は催眠というものに興味を持っていませんでしたし、何の知識もありませんでした。テレビで催眠術をちょっと観たことがあるくらいです。セッションでは、先生がそんな私でも良く分かるように催眠についての説明をしてくださいました。

　催眠にかけられた時に最初に思ったのは、「何て気持ちが良いのだろう」ということでした。始める前に先生から「リラックスして、とても気持ちが良くなります」というお話は聞いていましたが、予想をはるかに超える気持ち良

さ、心地良さでした。

　その催眠状態の中で、先生の誘導に従って眠りにつくことができないときの感情にアクセスすると、そこから突然、私は過去の記憶へと戻っていました。

　それは私が保育園に通っていたときのことです。お昼寝の時間になったのですが、その日の私はちっとも眠くありませんでした。なので、周りの子にちょっかいを出したりしていたのですが、後になって保育士の先生が私を迎えに来た母にそのことを報告し、「保育士がつきっきりにならないといけないので、お昼寝できるようにしてください」といったのを聞いてしまったのです。

　私は、自分のせいで大好きな母親が先生に叱られたことがショックでした。そして、その日から「自分がちゃんとお昼寝しないと、またお母さんが先生に怒られちゃう」と思うようになりました。

　でも、それを考えれば考えるほど、私はお昼寝ができなくなってしまって、銀枝庵先生によると、それが私の今の不眠のトラウマになっているらしいのです。

　確かに、私の不眠が始まったときのことを考えると、夜泣きをする子どもをあやしているときに、私はいいようのない苛立ちとストレスを感じていました。それは、おそらく、眠ってくれない子どもにかつての自分を重ね合わせて

いたからなのでしょう。

　1回目のセッションは、トラウマを見つけて癒したところで終わり、実際の不眠の改善は次のセッションで行うことになりました。

　ところが、初回のセッションを終えたその晩、私はぐっすりと眠ることができ、何とその後、睡眠の状態が大幅に改善したのです！

　スケジュールの都合で、2回目のセッションを受けたのは3週間後のことでしたが、その間、6割方は満足のいく睡眠をとれていたと思います。

　さて、その2回目のセッションでは、より深い催眠のレベルで不眠という自分の心と身体の状態に向き合い、それを改善していくということを行いました。最後には、睡眠導入と安眠のための暗示をたくさん入れていただきました。

　現在の私の状態ですが、8割方ちゃんとした睡眠をとれていると感じられるようになりました。時々、睡眠が浅く感じることがあるのですが、導入に関してはほぼ問題がなくなったといっても良いと思います。

　不眠の原因になったトラウマを知れたことが大きかったのはもちろんですが、個人的には催眠誘導をされたときの心と身体が深くリラックスした時の感覚を、導入時に思い返すことで楽に睡眠に入ることができるようになったと思

います。先生のご説明だと睡眠と催眠とは異なるということなのですが、寝床に入ってから催眠でリラックスした感覚を思い出すと、いつの間にか寝てしまっていることが多くあるのです。

たった2回のセッションで4年以上もの間苦しんだ不眠が解消したことは驚きでした。でも、これは本当のことです。不眠で悩まれている方は、一度試してみる価値はあると思います。

施術をしてくださった銀枝庵先生には、感謝の気持ちで一杯です。本当にありがとうございました。

Case 10　目的：吃音
　　　　クライアント：男性　29歳　セッション回数：2回

私が初めて吃音の症状を意識したのは、大学生のときに飲食店のバイトを始めて間もない頃でした。

その店では、お客様からの注文を復唱することが決められていましたが、ある日「てんぷら定食をお1つですね」といおうとして、最初の「て」の音が詰まるような、出しにくいような感覚がありました。それからというもの「た」行や「だ」行の音を出そうとすると言葉に詰まることが多くなり、そのことが苦になりバイトを止めてしまいました。

それでも、そのときは自分が吃音持ちであるとは思わな

かったというか、そのことを認めようとはしなかったのですが、社会人になってしばらくしてから、職場で電話を受けたときに会社名を口に出すのが難しくなり（会社名には「だ」行の音が入っています）、やがてかかってきた電話に出ることができなくなってしまいました。

　当然、上司からは注意され、そのときに事情を説明したところ「君は吃音症なのではないか？　一度、医者で診てもらったらどうか」と助言を受け、ネットで調べて言語聴覚士のいる耳鼻咽喉科で診察を受けました。

　そこで、吃音と正式に診断されたのですが、言語聴覚士の下で何度か言語訓練を受けても改善せず、心療内科へ行くことを勧められました。

　心療内科では、主に投薬治療を行ったのですが、薬を服用すると逆に頭がぼーっとして、話をすること自体が億劫に感じてしまうことも多くあったので、数カ月通っただけで通うのを止めてしまいました。

　それからは、ネットで情報を集めて、吃音の改善に良いとされることを色々と試してみましたが、一時的に改善することはあってもすぐに元の状態に戻ってしまうことが多く、悩みは深まるばかりでした。

　銀枝庵さんのことは、YouTube の動画を観て知りました。催眠が吃音の改善に役に立つなんて思ってもみなかっ

たので、最初は正直「本当かな？」と思いました。ですが、先生が「催眠で吃音は改善が可能です」と断言されていたのが心に残っていて、とりあえず相談のメールを送ってみることにしました。

　先生からいただいた返信メールには、吃音に対して催眠でできること、できないことがはっきりと書かれてあって、逆にそのことに好感を持ちました。私は予約を入れて、初回のセッションを受けることにしました。

　当日、銀枝庵でお会いしてしばらく話をした後、先生がこうおっしゃいました。

「あなたと話していても、そうだといわれない限り吃音だとは気付きませんね。でも、他人が気付こうと気付くまいと、あなた自身が自分は吃音であると考えて、そのことで悩んでいたら、それは立派な吃音の症状なんですよね」

　そうなんです！　私は普段は「た」や「だ」行の音以外ではどもったり言葉に詰まることがほとんどなく、しかもそうした言葉を口にするときには十分に気を付けたり、準備をしてから話すので、吃音の度合いということでいえば軽度なのだと思います。ですから、私が「吃音で悩んでいる」と周囲の人間に明かすと、「全然気付かないから大丈夫だよ」とか「気にしすぎだよ」という言葉を多くかけられます。ですが、問題の本質はそこではないのです。周囲の人

間に気付かれないから大丈夫だと考えられない、どうしても吃音のことを気にしてしまう、そのことが辛いのです。

　先生がその部分をちゃんと理解してくださっていることが分かって、私は安心してセッションを受けることができました。

　催眠誘導から年齢退行催眠へと入り、4歳の記憶を取り戻した私は、1つ下の妹が泣くたびに母親から「またお兄ちゃんがいじわるして」と怒られていたことを思い出しました。確かに、その頃の私は妹にちょっかいを出すことが多くありました。ですが、そのたびに母親からきつく叱られ、「でも……」といい訳をしようとして、「いい訳をするんじゃない！」と怒鳴られていたのです。

　そのことを先生に伝えると、「じゃあ、お母さんに向かって改めてきちんと自分のいいたいことをいってみようか？」と促してくれました。私は、本当は身体が弱かった妹に母がかかりきりになって寂しい思いをしていたこと、だから妹がうらやましくていじわるをしてしまったこと、母が自分のもとを離れて行ってしまうのではないかと不安だったことを告げました。そうしているうちに涙が溢れてきて、私は号泣してしまいました。

　初回のセッションはそこで終わりましたが、それだけでも気分的にかなりスッキリとしたことを覚えています。

Chapter 3　ヒプノセラピー体験者による生の声

２回目のセッションでは、催眠状態で職場やプライベートでの様々な場面で「た」行と「だ」行の音から始まる言葉を話している自分をイメージするということを主に行いました。さらに、自分はもう吃音の症状を克服しているのであって、多少言葉に詰まったり、噛んだりしたところで、それは誰にでも起こることだし、自然なことだという暗示をたくさん入れていただきました。

　この２回のセッションの後、私の吃音の症状はほぼなくなりました。もちろん、ときどき言葉に詰まったりすることはあります。ですが、そのことを気に病んだり、そうならないように事前に気持ちの準備をすることなどはほとんどしなくなりました。職場でも、普通に電話応対ができるようになりました（相変わらず電話を受けることは好きではないのですが）。

　催眠のセッションを通じて、私にとって一番の助けとなったのが、吃音の原因が明らかになったことです。先生のご説明では、吃音というのは自分が何かをいいたいと思ったときに無理にそれを遮られたりすることがトラウマとなって発症することが多いそうです。

　私の場合、妹を泣かせたことのいい訳をしようとして母にそれを止められたことがトラウマになっていました。「でも……」という言葉をいうたびに、それを遮られていたの

で「で」から始まる「だ」行の音、そこから「た」行の音へと言葉の詰まりが移っていったそうです。実際、私の場合は、言葉に詰まるというよりも、言葉を飲み込むという感覚が強かったので、この説明は十分に納得がいくものでした。

わずか数回のセッションで結果を出す催眠の力は本当にすごいものだと思いました。先生のお話では、精神面が原因となっている吃音であれば、催眠の効果は十分に期待できるということでしたので、お悩みの方にはお勧めできる療法だと思います。

スキルアップ、自己啓発

Case 11　目的：ダイエット
クライアント：女性（24歳）　セッション回数：3回

藤野先生とは、知人が主催したパーティーの席上でお会いしました。招待客全員が1人ずつ自己紹介をする機会があり、先生が「大学の英語講師兼ヒプノセラピストです」とおっしゃったので、そのときは「ずいぶんと変わったことをしている人だな」という印象を持ちました（失礼）。

その後、お名刺を交換させていただいた時も、大学のものと療院のものと2枚頂戴しました。そのとき、「どうし

て大学の先生なのに、ヒプノセラピーなんてされているのですか？」と、今考えると大変不躾な質問をしたことを記憶しています。それでも先生は嫌な顔一つされず「昔、うつ病の学生の相談に乗ったことがあって、それがきっかけになったんですよ」と笑顔で答えてくださいました。

　後日、銀枝庵のホームページを拝見しました際に「ヒプノセラピーにできること」というページに「ダイエット」の文字を見つけ、私は心臓の高鳴りを感じました。私は小学校を卒業するまでは、どちらかといえば痩せ気味の子どもであったのですが、中学に入学してから突然体重が増え、その後何度もダイエットを試みるも失敗の連続で、大学に入る頃までには精神的にすっかりまいってしまい、それからはあえて体重のことは気にせずに生きてきました。ですが、社会人になって、会社の同僚や学生時代の友人たちの結婚ラッシュが続き、どうしても自分の太った姿に直面せざるを得なくなり、その頃は再びダイエットのことばかり考えていたのです。

　でも、催眠でダイエットなんて可能なのでしょうか？もし、そんなことが本当にできるのであれば、誰もが飛びついているはずです。催眠とダイエットという組み合わせが全く理解できなかった私は、先生に名刺交換のお礼のメールを出すときに、思い切って相談してみることにしま

した。

　先生から返信いただいたメールには「催眠でダイエットは可能です」とはっきりと書かれていました。ところが、その直後に「ただしそれが、あなたが今望んでいる形でのダイエットになるかどうかはわかりませんが」とも加えられていました。私は意味がわからず、説明を求めると、先生は次のように返答してくださいました。
「あなたが今、鏡の前に立ったとき、そこには太って醜いあなたの姿が映っています。そして、太って醜いとあなた自身が自分をとらえているからこそ、あなたはダイエットをしなければならないと考えています。ですがもし、あなたが今のあなたそのままの姿に何の不満もなく、自分が魅力的だと思えたらどうでしょう？　それでもあなたはダイエットをしたいと考えるでしょうか？　ヒプノセラピーで扱うダイエットは、いわゆる体重のコントロールや脚痩せのようなパーツのコントロールではありません。自分自身が、自分の身体を愛せるように認識を変えていくことなんです」
「ん？　じゃあ、催眠ではやっぱり痩せることは無理なんだ」と考える前に、私はどういうわけか先生のこの言葉に感動してしまいました。そして、すぐにセッションの予約を入れました。

初回セッションでは自分に催眠がかかるかどうか心配でしたが、先生の声に意識を向けていると何だかとても不思議な気持ちになりました。眠っているんだけど、しっかりと起きているような、あいまいな感覚です。そして、先生に導かれるままに、私は私が太りはじめた原因となった過去の出来事に向き合うことになりました。それは、私が全く記憶していなかった、幼い私に母が告げた何気ない一言でした。本当にささいな、母も決して悪意があっていったことではないことはわかってはいたのですが、再現された記憶の中でその言葉を母が口にした途端、私は声を上げて泣いていました。

　先生はすぐに記憶を現在へと戻し、催眠を解き、あのときの母の言葉が私の潜在意識の中でどのような意味を持ち、それがいかにして私が太る原因となったのかを詳しく説明してくださいました。普段の疑い深い私であれば、恐らくは「強引に結びつけているな」と考えたでしょうが、どういうわけだか、そのときは素直に受け止めることができました。これで初回セッションは終わりでしたが、正直、特に何が変わったという実感はありませんでした。ですが、せっかく受けはじめたのだから最後までやり通そうと決めていたので、その場で次のセッションを予約しました。

　２回目のセッションでは衝撃的でした。初回が「静」な

ら2回目は「動」そのものでした。先生は、初回のときの優しい姿とはまるで別人のような力強さで、私をぐいぐいと導いてくださいました。セッションが終わった後は、すっかり疲れ果ててしまい、家に帰ってそのままベッドに倒れ込んで眠ってしまうほどでした。

3回目、最後のセッションは2回目ほどの強い印象を受けませんでしたが、逆に心と体がすっかり軽くなるような不思議な印象を受けました。セッションの終了を告げられた先生は、続けて「これから先、毎日、鏡を見るのが楽しくなりますよ」とニコニコしながらおっしゃいました。

翌朝、洗面所の鏡を見たときのことは今でもはっきりと覚えています。変ないい方ですが、その時自分のことがとても愛らしいと思えたのです。体重は少し減ってはいましたが（実はこれだけでもすごいことだったのですが）、鏡にはまだまだ丸い自分の顔が映っていました。それでも、そんな自分がとても可愛いと感じることができたのです。

それからは不思議なことだらけでした。まず、毎日がぶ飲みしていたジュース類、特に炭酸飲料を飲まなくても大丈夫になったのです。無理して飲まないのではなくて、飲みたくなくなる、そんな感じです。それと同時に、間食もあまりしなくなりました。以前はとにかく常に何かを口にしていないと気が済まなかったのですが、普通に3食の食

事＋おやつ程度で満足できるようになりました。もちろん、無理な食事制限はしませんでしたし、食後の甘い物も食べ続けています。

　体重はセッションの後1カ月で一気に約4kg減った後（！）、1kgほど戻りました。その後は、ゆっくりと減っている感じです。最近では体重計に乗ることもほとんどしなくなりました。ただ鏡だけは毎日見ているのですが、その変化は本当に面白いです。何というか、少しずつ女性の身体に近づいていく感じです。昔、そうなりたいと願っていたモデル体型ではなく、つくべき場所にちゃんと脂肪がついている身体です。そして、何よりも大切なのは私自身がそのような身体になりつつあることを楽しんでいるということです。

　他者の目、周囲の目を気にすることなく、自分が幸せに感じる身体を手に入れることがこんなに楽で楽しいことだとは想像もつきませんでした。先生、本当にありがとうございました。

Case 12　目的：試験対策（TOEIC）

　　　クライアント：**女性　21歳　セッション回数：3回**

　私は今、ニュージーランドのオークランドという街でこの体験談を書いています。

スキルアップ、自己啓発

大学の交換留学生試験に合格して、1年間こちらの大学で勉強をしています。

私がこうして海外の大学で勉強する機会を得ることができたのも、藤野先生のおかげだと思っています。

交換留学生試験の受験資格を得るためには、TOEICのスコアで最低600点を取ることが必要でした。ですが、私は申し込み前の最後の試験を受ける前まで、最高で535点しか取ったことがありませんでした。

受験対策をする中で、自分の問題点は分かっていました。私は慎重といえば聞こえが良いのですが、臆病で完璧主義なところがあって、リーディング・セクションでより完全な答えを見つけようとして必要以上に時間をかけてしまうのです。そのため、制限時間内に問題を終わらせることができず、スコアアップに失敗し続けていました。

そんな自分の弱点をどうにか克服しようと努力はしたのですが、いざ本番の試験となると、やっぱり時間配分がうまく行きません。このままでは、ずっと夢見てきた留学も遠のいてしまうのではないかと焦っていた頃、YouTubeの「ヒプノセラピーQ＆A」の動画をたまたま見つけて、そこから藤野先生に連絡を取らせていただきました。

メールで悩みを相談すると、先生はとても丁寧に回答して下さいました。私は動画とメールのやり取りを両親に見

せて「ヒプノセラピーを受けさせてもらいたい」と頼みました。両親は、最初は「お前がもっと勉強をすれば良いだけのことだ」と突き放した態度でしたが、先生がメールの中でスコアの伸び悩みがメンタル面から来ている可能性があることを指摘してくださったことと、大学で英語を教えていらっしゃる先生だからと、最後には受けることを許してくれました。

　初回のセッションで催眠状態に入った私は、TOEICの試験会場へと連れて行かれて、そこで沸いてきた強い感情をたどって過去の記憶へと飛びました（不思議なことですが、セッションの最中に何が起こっているのかをこのように冷静に見ている自分もいたのです）。

　すると、私は幼稚園の頃に戻っていました。それは、自宅のキッチンで私が母から叱られている場面でした。母は、その日私が幼稚園で習った歌を自分の目の前で歌わせて、上手に歌えないと何度も繰り返し歌わせるのです。

　私はもともと極度に恥ずかしがり屋なところがあって、母もそれに気付いていたからこそ、その克服のために歌を利用しようとしたのでしょう。ですが、毎日帰宅してから歌の練習をさせられることは、私にとっては苦痛以外の何物でもありませんでした。

　それでも、毎日続けているうちに歌を歌うこと自体は嫌

いではなくなりましたが、やがて私は歌の歌詞や音程を完璧に覚えるということに強くこだわるようになりました。そうすれば、早く練習を終えることができるからです。

　ここで先生が、私を現在の21歳の私に成長させて、幼稚園児の私と話をするように指示しました。幼い私がこの経験で辛い思いを抱え込んで、それがその後の人生に悪影響を及ぼさないように、今の私にできることは何でもしてあげるようにということを促されました。

　私は幼稚園児の私に「歌は完璧に覚えなくても、楽しんで歌えばいいんだよ」ということをまずは伝えました。それから、「お母さんがあなたに求めているのは、歌を完璧に歌うことじゃなくて、歌を通じて周りのお友達や先生たちと一緒に仲良くやっていくことなんだよ」ということもいいました。

　私の話を聞いていた幼稚園児の私は（私のイメージの中で）、最初はキョトンとした表情をしていましたが、やがてポロポロと泣き始めました。彼女はやっぱり、練習が辛くて仕方がなかったのだと思います。そして、思わず彼女を抱きしめた私自身の目からも、涙が流れていました。

　初回のセッションが終わった後で、先生から説明を受けました。私の完璧主義の原因となっていたのがこの幼稚園の頃の出来事で、それを今回きちんと処理することに成功

したので試験時のペース配分もうまくいくようになるはずだということでした。２回目のセッションでは、そのペース配分を上手に行うためのメンタリティの調整と、試験に対して自信を持って臨むための暗示を入れていただき、３回目は試験前に使える自己催眠法とかなり具体的なTOEICの試験対策を教えていただきました（これは本当に役に立ちました！）。

　催眠のセッションが終わってから、自分で模試を何度か解いてみたのですが、その時点で私は手ごたえを感じていました。これまで「間違っていたらどうしよう？」「もっと良い答えはないか？」と常に考えながら問題を解いていたのが、良い意味での切り捨てができるようになったのです。そのおかげで、どうにか２時間の試験時間内に最後の問題まで回答することができるようになりました。

　本番の試験では、さすがに模試と同じようにはいかず、最後に解けない問題をいくつか残してしまいましたが、これまでの試験時の感覚とは全く異なっていました。そして、試験の結果は620点！　留学生試験にも合格することができました。

　スコアの大幅アップや留学に行けることも当然嬉しかったのですが、私にとっては完璧さに対する妙なこだわりがなくなったことが、かなり大きかったと思います。心がすっ

かり軽くなって、「ああ、いままで私はずっと呪縛を受けていたのだな」ということが良くわかりました。

留学生活は大変ですが、毎日が刺激的で、触れるものすべてから大切な学びを得ているという実感があります。当たり前のことですが、こちらでは私は英語を間違えてばかりです。完璧からは程遠いのですが、今の私には「ミスから学ぶ」という言葉の意味がはっきりと分かります。もっとたくさん間違えて、もっとたくさん学びたいと思います。

Case 13　目的：シュートの精度を上げたい
　　クライアント：男性（20歳）　セッション回数：2回

大学に入学してから始めたラクロスという競技にすっかりはまって、今ではラクロス漬けの毎日を過ごしています。

自分は高校時代サッカーをやっていて、足も結構速いので、相手ディフェンスを振り切る動きは得意ですが、その後のシュートがなかなか決まりません。試合でも、せっかくのチャンスをふいにしてしまうことが何度かあって、チームメートに迷惑をかけてしまい、落ち込んでいました。シュート練習も続けているのですが、練習中はうまくいっても、本番になると、自分でも信じられないところに打ってしまうのです。

先輩や監督からは「メンタル面の問題だ」といわれ、自

分でもそうだとわかってはいたのですが、どうしたらよいのかさっぱりわからずに1人で悩んでいました。

　大学の図書館でスポーツ心理学の本を眺めていたときに、たまたま近くにヒプノセラピーの本があったので読んでみました。野球のピッチャーが催眠でコントロールが良くなったという話が書いてあって、もしかしたら自分のシュートの精度も上げることができるかもと思いました。家に帰ってからネットでヒプノセラピーをしてくれるところのホームページを見ましたが、料金が高かったのでそのときは受けませんでした。

　その後のリーグ戦で、またシュートを失敗してしまうことが何度かありました。さすがにまずいと思って、本気で何とかしようと考えました。以前調べたヒプノセラピーのことが頭にありましたが、料金が高いというイメージがあったので、カウンセリング等について調べてみました。すると、1回の料金は安くても、何十回と続けて通うと結局は高くついてしまうことがわかりました。だったら、ヒプノセラピーにトライしてみようと考えて、何か所かにメールを送りました。

　藤野先生のところでセッションを受けることを決めたのは、先生がカナダに住んでいたことがあって、ラクロスのことを知っていたというのが大きかったです（ラクロスは

カナダの国技だそうです)。あと、お金があまりないことを告白すると、状態を見てみないとわからないけど、場合によっては２回のセッションで改善することができるといわれたことも決め手となりました。お金は何とかバイトをして作ることができました。

　先生は最初にいった通りに２回でセッションを終わらせてくれました。自分のシュートの精度が低いこと、というよりも、練習ではできても本番に弱いことの原因が小さい頃の自分に起きたある出来事にあったことは驚きでした。正直、催眠にかかったという感じはあまりしなくて、ただリラックスして先生の話を聞いていた感じでしたが、終わった時にはとてもスッキリしていました。

　その次の週末に試合があり、自分も出場しました。何だか妙に自信がわいてきて、それでも冷静になっているという変な感じがしました。いつもの通り、相手の守りを抜いてからシュート体勢に入った時、ゴールの四隅が妙に大きく見えました。そこをめがけてシュートをするとゴールすることができました。その試合では、１ゴールしかできませんでしたが、自分では手ごたえを感じていました。その次の試合でもゴールを決めることができました。

　ただ、同時に自分がどうして今までシュートが苦手だったのかもわかってきました。自分の動きのある小さな癖の

せいだったのですが、催眠を受けるまでは全く気付いていませんでした。それを治してからはシュートの成功率が格段に上がりました。

ヒプノセラピーを受けるのは学生の自分にとっては結構値段が高かったのですが、十分な価値があると思いました。思い切ってトライしてみて本当に良かったと思います。先生に感謝します。

Case 14　目的：英会話の上達
　　クライアント：女性（21歳）　セッション回数：3回

大学の留学生派遣試験に合格し、3年生の秋から冬にかけて、1学期間アメリカの大学へ留学することになりました。私は中学の頃から英語を勉強することが大好きで、高校、大学と英語の成績だけは良く、英検やTOEIC、TOEFLといった資格試験にもチャレンジして比較的高い点数を取ることができていたのですが、英会話だけは苦手にしていました。

元々、人見知りをする性格で、声も小さく、日本語であってもテンポ良くポンポンと会話を交わすことがあまり得意ではありませんでした。試験の最終面接で、ネイティブの先生から「出発までに、もう少し英語でのコミュニケーションを頑張るように」といわれたこともプレッシャーになっ

ていました。

　ヒプノセラピーのことは、友人を通じて知りました。その子はある心の病気を患っていたのですが、藤野先生のところに通ってかなり調子が良くなったと聞いていたのです。その友人に試験の合格を報告をした際に悩みを打ち明けると、「ヒプノセラピーの先生は確か大学の英語の先生でもあったから相談してみれば？」といわれ、ホームページのアドレスを教えてくれました。

　催眠で英会話が上達するなんてことは全く信じていなかったのですが、面白さもあって、とりあえずメールで相談してみることにしました。すぐに先生からお返事をいただき、その後も何度かメールのやり取りをしました。そこでわかったことは、催眠にできることは、自分の持っている英語の実力を十分に発揮できるようにサポートすることであって、魔法のように、目が覚めたら英語が話せるようにすることは不可能ということでした。

　私は先生のこの説明を聞いて、逆に催眠を受けたいという気持ちが強まりました。と、いうのも、私は英語の力はそこそこあると思うのですが、英会話で実力を発揮することができないでいたからです。

　両親に相談してみると、最初は反対されましたが、友人が催眠で病気を治したことと先生が現役の大学の英語の教

授であることを話すと興味を持ってくれました。そして、最後には催眠を受けることを許してくれました。

　セッションは合計で3回受けました。最初の2回はどちらかといえば、私の引っ込み思案の性格がどこから来たのかを探るようなことをして、あまり英語とは関係ないように思えました。ですが、3回目のセッションでは、先生が「あなたはとてもかかりが良いから」と、催眠で私をアメリカ人にして（！）英語で会話をしました。

　これは本当に不思議な体験でした。それまで日本語で考えて日本語で話していたのが、急に英語でしか考えられなくなって、自然に英語で話していました。それはまるで頭の中の回路が日本語から英語へと切り替わったみたいでした。単語や文法の知識は私が元々持っているものだと思いますが、それが自然に口から出てくる感じがしました。その後、催眠とは別に先生から英語の発声と発音を教えていただきました（これがアメリカに行ってから大変役に立ちました）。

　約1カ月後に留学へと出発し、大学の寮に入ってから私の英語漬けの生活が始まりましたが、毎朝、部屋を出る前に先生から教えていただいた「英語のスイッチを入れる」自己催眠をしました。そうすると、セッションで「アメリカ人になった」ときの感覚がよみがえって、不思議と声も

ジェスチャーも大きくなって、自分で考えている以上に英語が話せるようになるのです。もちろん、英語の間違えはたくさんしますし、相手のいっていることがわからないことも多くあります。ただ、全然物怖じしないというか、ミスをしたらミスから学ぼうという気持ちがものすごく強くなるのです。日本ではどちらかといえば大人しかった私が、アメリカでは「日本人はシャイだっていうけど、あなたは違うわね」とアメリカ人の友人からいわれるくらい、私は英語を話すことを楽しむことができました。

4カ月の留学期間を終え、日本に帰国するときにはアメリカ人はもちろん、世界中から集まったたくさんの留学生と友達になることができました。日本に帰る前日、そうした友人たちと、深夜まで大学近くのドーナツ店で話をしました。こんなことができるなんて、以前の私では考えられないことでした。帰国後、母親からは「あんたずいぶんとおしゃべりになったね」と笑われました。

今回の留学を通じてアメリカでさらに学びたいことを見つけたので、卒業後はあちらの大学院に進学することを目標に今は勉強しています。そのきっかけを与えてくれた留学を成功することができた要因の1つに、ヒプノセラピーがあったことは間違いありません。私の中にあった別の側面を催眠は引き出してくれたように思います。あのとき思

い切ってセッションを受けてみて、本当に良かったと今でも思っています。

Case 15　目的：禁煙
　　クライアント：男性（36歳）　セッション回数：2回

　タバコの大幅値上げをきっかけに禁煙を決意しました。私は20代に何度か禁煙を試みては失敗した経験を持っているので、これまでとは違うやり方でタバコをやめたいと思っていました。

　テレビの深夜番組で、たまたま催眠術師が出ているのを見て「催眠ってすごいな！」と思った翌日、古書店でたまたまヒプノセラピーの本を見つけ、その中に催眠で禁煙に成功した人の体験談が載っていたこともあり興味を持ちました。

　ネットで「催眠」で検索したところ、ある催眠術師のページがヒットして、そのリンクから藤野先生の療院を知りました。その他にもいくつかの候補があったのですが、完治までのおおよその回数を尋ねたところ、他の先生が1回あるいは10数回という極端な数字であったのに対して、藤野先生が出された2〜3回という数が現実的だと感じたからです（実際は2回で終了しました）。

　セッションを受けた感想は、私が勝手にイメージしてい

た催眠による禁煙とはずいぶんとかけ離れたものであったということです。振り子を目の前で振られて「あなたはタバコを吸いたくなくなる〜」という暗示を入れられると、私は本気で思っていたのです（笑）。

ですが実際は、もっと心の奥深くまで入り込んで「どうして自分はタバコを吸うことになったのか？」「タバコを吸わなければならなかったのか？」という根本原因を探るのが、先生の禁煙セッションでした。

おかげさまで、その後も順調に禁煙を続けています。最初はセッションの料金が少し高いと感じましたが、実際にタバコや禁煙用のニコチンガム等に支払う金額を考えたら結果としてはずっとリーズナブルであったと思います。禁煙を本気で考えている人には絶対におすすめです。

プレ・トークでよくわかる
ヒプノセラピー入門

Chapter 4

ヒプノセラピストの
ひとりごと

Section 1 私がヒプノセラピストになったわけ

　この章では、私が普段、ヒプノセラピーについて考えていること、感じていることをつれづれなるままに記してみます。

　私がこの世界に進む直接のきっかけを与えてくれたのは、当時の非常勤先で私の英語の授業を受講していたある学生でした。
　授業終了後に「相談したいことがある」と彼女は私のもとを訪れ、自分が摂食障害（過食症）とうつ病で苦しんでいることを告白しました。
　私自身、高校2年生のときに摂食障害（拒食症）を発症し、死の一歩手前まで行ったことがありました。授業中その話をしたことはありませんでしたので、どうして彼女が私に相談を持ちかけたのかはよくわかりません。ですが、同じ病を抱えたことのある1人の人間として、彼女の助けになりたいと思いました。もちろん、そのときは、その後約1年半にわたって、彼女の心の深い部分と向き合うことになるとは想像だにしませんでした。
　彼女は心の病以外にも肺の病気を抱えていて、飲ま

ければいけない薬の種類と量が尋常ではありませんでした。別の機会に食事をしながら相談を受けたことがあったのですが、食後に彼女が取り出した薬袋の大きさに驚いた私は、本当にそれだけの薬を飲まなければならないのかどうか、別の医師にセカンドオピニオンを求めることを提案しました。

いくつかの書籍やネットの情報をあたってみたところ、肺の病気の方は、処方されている薬と量には問題がなさそうだったので、まずは摂食障害とうつ病に関して、ある有名大学病院での診察を勧めました。

数日後、彼女から突然電話がかかってきました。受話器の先で泣きじゃくっています。どうしたのかと尋ねると、「先生、私……躁うつ病だと診断された。脳の障害だから……一生治らないといわれた……」と絞り出すような声で答えました。とりあえず、彼女と翌週直接会って話を聞くことにし、それまでに私は、当時は何の知識も持ち合わせていなかった躁うつ病（双極性障害）について徹底的に調べあげました。

後日、彼女から話を聞くと、その外来の医師は10分ほど彼女の話を聞き、心理テストを行った後に、突然「あなたは躁うつ病で、これは脳の障害だから一生薬を飲み続ける必要があります」と告げたそうです。

精神科での保険診療の実情がどのようなものであるのか、医師でない私にはわかりませんが、素人ながらにこの診断はあまりに乱暴すぎるのではないかと感じました。そして、それまでに調べた躁うつ病の症状と、私自身の摂食障害の経験から考えて、彼女が摂食障害は抱えているものの双極性障害ではないとの直感を持ちました。

　ですが、医師でない私にはそれを判断する能力も資格もありません。そのときは、自分の将来に絶望して自暴自棄になりかけていた彼女をなだめて、夏休みの実家への帰省にあわせて、地元の精神科医のところでもう一度だけ診断を受けることを約束させるのが精一杯でした。

　結果からいいますと、この判断は大成功でした。この地元の医師は、診察室に入った彼女のカルテを見ると開口一番「こんなに薬飲まされて、大変だったでしょう？」といってくれたそうです。それからじっくりと時間をかけて診断を行い、彼女が軽度のうつ病と摂食障害を患っているが、双極性障害は見られないとの診断を下しました。そして、その場で、彼女が本当に必要としている種類と量の薬のみを処方する形へと減薬することを提案してくれました。

　両親と家族のいる実家。豊かな自然の残るのんびりとした土地での生活も良い影響を与えたのでしょう。夏休みが明けて東京に戻ってきた彼女の表情は、以前とは全く異

なっていました。何といっても、目に力があります。うつの状態はかなり良くなり、落ち込むこともほとんどなくなりましたが、摂食障害の方は回復までまだまだ時間がかかりそうでした。それでも、薬の量が減ったことで、身体も相当楽になったようでした。

　彼女はその後も、月1のペースで実家に戻り、診察を受けましたが、地元の医師は私が「え？　そんなペースでいいの？」と驚くような速さで減薬を進めていきました。そして、私が最初に相談を受けたときから1年が過ぎ、3年生になった彼女が就職活動をはじめる頃には、うつはほとんど発症することなく、摂食障害もわずかな量の薬だけでうまくコントロールできるようになっていました。

　就職活動が本格化すると、そのストレスから過食気味になることもありましたが、幸いにも過剰摂取にまで至ることはありませんでした。そして、半年後、彼女は見事に第一希望の大手企業に就職することができたのです。

　もちろん、その間も私は定期的に彼女から相談を受けていました。彼女の苦しむ様や回復までの道のりを目の当たりにして、私は人の心と身体の精妙な結びつきや、投薬治療の抱える問題、そして、人の持つ「希望」の強さを認識しました。

　ですが、当時の私は、ただ、彼女の話を聞くことしかで

きませんでした。それでも、少しでも彼女の苦しみを理解できないかと、心と身体に関する勉強だけは一生懸命にしていました。そうする中で、私はヒプノセラピーの存在を知り、やがてその技術の修得を目指すようになりました。

　一般の多くの人がそうであるように、私も最初はヒプノセラピーを怪しいものととらえていました。中学生の頃、当時一世を風靡した催眠術師マーチン・セント・ジェームスのテレビ番組が大好きだったので、エンターテイメントとしての催眠にはなじみがありましたが、「『オーケストラの曲が流れると、あなたは指揮者になってしまう！』といった暗示でどうやって人を治せるのか？　まさか『あなたはだんだんと身体の調子が良くなりま～す』とやるだけで病気が治ってしまうのだろうか？　そんな都合の良い話はありえない」と考えていました。

　ところがある日、携帯音楽機器を購入したことをきっかけに、ポッドキャスト（インターネットを通じて配信される音声番組）で心理、精神療法関連の番組を聞くようになり、その中で、後の師匠となるアメリカのヒプノセラピスト、ジェリー・カイン氏のことを知りました。氏が相棒のセラピストとコンビを組んでホストを務めるその番組は、その素人っぽい（失礼！）、ユーモアあふれる軽妙な語り口に反して、内容は実に深いものでした。特にヒプノセラ

ピーでアルコール依存症のクライアントさんを完治させてしまったエピソード（後述）には心底驚くと同時に、どうしてそのようなことが可能であるのかを説明するカイン氏の言葉が、不思議と自分の中にスーッと入ってきました。そして、ホームページにアップされていたすべてのエピソードを聴き終える頃には、私は彼のもとでヒプノセラピーを学びたいと思うようになっていました。

　しかし、カイン氏はアメリカ在住で、高齢でもあったためヒプノセラピーの講座を年に２回しか開講していませんでした（現在は数年に一度のみ）。また、私も大学での仕事がありましたから、そう気軽に習いにいくわけにはいきません。どうしたらよいのかわからず、思い切って氏にメールで相談したところ、「こちらで行う講座のすべてを録画したDVDのセットがある。うちで実際に講座を受講した学生も必ず復習のために買っていくものだ。まずはこれを入手して、何度も見直してもらいたい。その上で、実際の講座を受けて、そこでセラピストの資格を取るための試験を受けてみたらどうだろうか？　そして、可能であればDVDで勉強を進めながら、あなたの住んでいる日本でヒプノセラピーの講座を受けて、そこで実際に人に催眠をかけることを学ぶのがいいだろう」と提案してくれました。

　私は早速DVDを入手して、その日から毎日最低４時間

Chapter 4

ヒプノセラピストのひとりごと

の勉強を自分に課しました。「課した」なんて書き方をすると、苦しみながら勉強をしたみたいですが、実のところは内容があまりにも面白く、学ぶのが楽しくて仕方がありませんでした。そして、DVDとともに送られてきた教材以外にも、国内外のヒプノセラピーや精神医学、心理療法の本を読み漁りました。昔、カナダの大学で単位のために受講した心理学の講座以来の勉強でしたが、不思議なほど頭にすんなりと入っていきました。

　実際に勉強をはじめてみると、カイン師が提案してくれたこの学び方が、実に理にかなったものであることがわかってきました。DVDの映像があるとはいえ、要は通信教育ですから不安もあったのですが、逆にDVD教材の最大の特徴である繰り返し映像を見ることができるという点が、ヒプノセラピーの技術の修得には適していたのです。暗示文の暗記から、催眠誘導の細かいニュアンス、被験者の反応等、ヒプノセラピーの現場で起こるすべてのことを包み隠さず見せてくれるカイン師の映像を何度も見返しました。このことが、後に実際の講座を受けるときに大変役に立ちました。

　そうしてDVDを通じた学習を続ける一方で、私はカイン師のアドバイスどおりに日本でヒプノセラピーを学べる場所を探していました。やがて、ネットを通じて、偶然に

も職場から徒歩で通える場所で催眠術とヒプノセラピーを教えていらっしゃるM先生を見つけることができました。メールを通じて色々と質問をさせていただく中で、先生から催眠術のライブへのお誘いを受け、お邪魔することになりました。そのライブ会場でM先生が披露した鮮やかな催眠術に、私の目はすっかり釘付けになってしまいました。先生は、「あなたはヒプノセラピーを学ぶことを希望されているようですが、催眠術を知らないでセラピーをやっても効果は限られてしまいますよ」とおっしゃいました。私はこの言葉に強く惹かれ、その場でM先生の主宰する催眠術師・催眠心理療法士（ヒプノセラピスト）養成スクールに入門することを決意しました。

　毎週土曜日に行われるスクールでの修業は、実に刺激的でした。先生は催眠の技法に関することであれば、何１つ秘密にせずにすべてを教えてくださいました。M先生のおおらかな人柄に惹かれて集まったスクールの仲間たちにも恵まれ、そこではあっという間に時間が過ぎていきました。

　スクールは初級、中級、上級課程に分かれていて（現在は異なるシステムで指導が行われています）、初級〜中級でいわゆる催眠術（ステージ催眠）を学び、その後、上級の催眠心理療法（ヒプノセラピー）へと進むことになっていました。これは、私にとっては最良のカリキュラムでした。

ヒプノセラピーを実際に行うためには、クライアントさんを催眠状態へと導き、その深度を正確に把握する必要があります。こうしたノウハウは、実は「催眠術」のテクニックの中に多く含まれています。もちろん、療法の中にも誘導や見極めの技術は存在するのですが、基本的に一対一で行われるヒプノセラピーと比較して、公衆の面前で行われることの多い催眠術では、この手の技術が大変洗練されています。「催眠にかかる人に確実に催眠をかける」ということに関して、催眠術は真剣度が段違いなのです。

　さて、私が中級へと進んで数カ月が経ったある日、1人の女性に催眠をかけることになりました。当時のスクールでは通常コースと短期修得コースという2種類の課程があって、通常コースではその日に集まったスクール生同士で催眠をかけあうのですが、短期コースではあらかじめ催眠のかかりのよい被験者さんを用意して、その方に集中してかけていくということをしていました。その日は、その被験者さんを選ぶ面接の日で、スクール生の何人かが先生から指示を受けて催眠をかけることになりました。私が担当した方は大変被暗示性が高く、面白いように深い催眠状態へと入っていきます。そして、その方に催眠術の中でも難易度の高い「フリーズ催眠（その方の時間だけが止まってしまい、その間の記憶がなくなってしまう催眠）」の暗

示を入れた瞬間に、私の内側で何かが変わりました。

　それは、「あ、自分は催眠をかけることができるんだ」という気付きでした。大きな自信というようなものではなく、当たり前のように「ああ、自分は催眠という技術を使えるんだな」という確信にも似た想いです。

　その日を境に、私の催眠の質は一変しました。頭でいちいち考えることなく、口に出した言葉がそのまま催眠の暗示文になるような奇妙な感覚を得るようになったのです。それと同時に、目の前にいる人の催眠状態を正確に把握できるようになりました。このことがあって間もなく、私は中級を卒業して、上級の催眠心理療法を学びはじめました。

　華やかなステージ催眠を中心に行う中級と比べると、上級の内容は実に地味なものでした。もし、私が初級、中級と順序立てて学ぶことをせず、またカイン師の技術を知らずにいたとしたら、私は恐らく催眠心理療法を退屈と感じ、見切りをつけていたことでしょう。しかし、中級までの課程で催眠誘導と被験者の催眠状態の見極めを身につけた私にとって、上級の技法は大変魅力的でした。被験者さんの心の深い部分で起こる変化が手に取るようにわかったからです。

　M先生は大変心の広い方でしたので、カリキュラムで決められた技法以外でも、スクール生が興味のあるものは何

でも試すことを許してくださいました。そこで私は、カイン師のもとで学んだテクニックの多くをスクールで練習することができました。

　催眠を習いはじめて約2年が経過したある日のこと、私は所属する大学で普段と同じように英語の授業を行っていました。その頃、私が自身の教育の中心においていたのが、英語で書かれた名文の音読でした。「身体から学ぶ英語」と銘打ったその指導法は、学生に正しい発声法と発音を教えた後、言葉の1つ1つが持っている「意味」をしっかりと把握させたうえで感情を込めて読ませる。そうすることで、自分がその名文から受けたイメージを聞き手と共有することができるようになることを目標とするものでした。英語、日本語に関係なく、「ことば」というものはそのように扱ってはじめて、真の力を発揮するものなのです。

　さて、その授業の最中に私は奇妙な既視感を持ちました。自分の発する「ことば」を学生1人1人と共有したい、その素晴らしさを教えたいと一心不乱に教授する自分の姿を、もう1人の自分が客観的に見つめ、何かと比較している感じです。

「……あ、これって、催眠と同じじゃないか！」

そのことに気付いた瞬間、私は思わず口をつぐんでしまいました。学生たちからは訝る眼で見られましたが、何か大きな秘密を発見したときのように胸の鼓動が早まりました。M先生のもとで修業をはじめたとき、自分でも意外なほど催眠誘導をスムーズに進めることができ、先生にも褒めていただいたのですが、そのときは経験の少ない自分にどうして催眠誘導が自然にできたのか不思議に感じていました。ですが、その瞬間に謎が一気に氷解しました。そう、私は大学における10数年にわたる教師生活で、ほぼ毎日催眠をかけていたのです。

現在、銀枝庵でヒプノセラピーを受けていただくクライアントさんには、必ず「同意書」にサインをいただくことになっていますが、その同意書の一項目に次のような記述があります。

ヒプノセラピーは、人の潜在意識に働きかけることで自然治癒力を高め、肉体的または精神的状態を改善することを目的とした教育的技術であり、医療行為を補完するものではあっても、医療行為を代替するものでないことを理解しています。

この中で、ヒプノセラピーが「教育的技術」であると明

記されているところに注目してください。催眠＝教育。これこそがヒプノセラピーの本質を表していると私は思います。「ことば」を用いてクライアントさんを指導し、物事の認識を改めるように教育を施すことがヒプノセラピーなのです。

　そのことに気付いたのが、アメリカで行われたカイン師による直接指導と、ヒプノセラピストの資格試験の直前であったことは幸いでした。おかげで私は自信を持って異国での修業に臨むことができました。自分のヒプノセラピストとしてのキャリアは少ないかもしれないけれど、少なくとも「ことば」を使って人とイメージを共有したり、新しい知識を与えたり、違ったものの見方を指導するすべはわかっている。DVDを何度も見返して得たカイン師の技と、M先生のもとで身につけた催眠の体験とともに、私はフロリダでの最終講義へと向かいました。

　講座は1週間行われましたが、実技指導の部分を除いては、カイン師のいうとおりDVDと全く同じでした。ただ、高齢の師匠の体調がすぐれないのか、多くのクラスが師のパートナーで、ポッドキャストの相棒でもあったボブ・ブレナー先生が代講する形で教えられました。はじめは少し残念に思いましたが、このブレナー先生の授業が実に素晴らしく、特にセッションの実践に関しては、その後の施術

のために大いに参考にさせていただきました。

　私は日本語でセッションを行いますので、アメリカで習ったテクニックをそのまま使うことはできません。私が現在銀枝庵で用いているヒプノセラピーの技術の多くは、カイン師のもとで学んだものですが、催眠誘導、深化法、覚醒法、そして何といっても日本語での暗示文のいい回しについては、M先生の影響を多大に受けています。それでもアメリカの師匠の下で指導を受けたことは、大変有意義なことでした。後述しますが、ヒプノセラピーの最先端を突き進むアメリカの事情を知れたこと。そして何といっても、セラピストとしての師匠のパワーというかオーラを目の当たりにできたことが、私にとっては重要なことでした。

　ヒプノセラピストはかくあるべきという姿をカイン師は示してくれました。

　晴れて試験にも合格し、ヒプノセラピストの資格を得た私は、2年半にわたるM先生のもとでの修業も終え、いよいよ自身の催眠療院を開業することになりました。開業当日、ホームページ内のブログにあいさつ文を書くことにしたのですが、そのとき私の頭に真っ先に浮かんだのは、私がヒプノセラピーを学ぶきっかけを与えてくれたあの学生のことでした。

　先に述べたとおり、私は彼女には何もしてあげることが

できませんでした。そして今、ヒプノセラピストとして第一歩を踏み出そうとする私だったら、当時の彼女に何ができたのであろうかと考えてみました。今の私にはヒプノセラピーの技術があります。心と身体の相関性についての心理学、精神医学の知識もあります。ですが、結局のところ、医師ではない私にできることは、当時の私が彼女にしてあげられたただ1つのこと……。

　ただ、向き合い、そして、寄り添うこと……

　カイン師やM先生、その他の先生方から学んだ技術を最大限に発揮しながらも、私がヒプノセラピーを行う限りは、この気持ちを持ち続けることが大切だと思っています。

Section 2 ジェリー・カイン師とオムニ・ヒプノシス・トレーニング・センター

　本書でこれまでに何度か登場してきた、私のヒプノセラピーの師匠と彼が創始したトレーニングセンターについて、改めてお話しさせていただければと思います。彼との出会いがなければ、私がこうしてヒプノセラピストとして活動をすることもなかったからです。

　師匠の名前はジェラルド・F・カイン (Gerald "Jerry" F. Kein)。彼を知る人間は親しみを込めて"ジェリー"と呼びます。

　日本では「知る人ぞ知る」という知名度のジェリーですが、欧米でヒプノセラピーに携わる人間であれば、彼の名前を知らない者は誰もいないというほどの人物です。

　もちろん、彼はセラピストとしても超一流なのですが、それ以上にヒプノセラピーのトップ・トレーナーとしての名声を確立しています。彼が1979年に創始したオムニ・ヒプノシス・トレーニング・センター® (OMNI Hypnosis Training Center®) には、これまでに80ヵ国以上から数千人を超える生徒が集まり指導を受けてきました。その中には、著名な医師や精神科医、臨床心理士、カウンセラー、ヒプノセラピストも含まれており、前世療法の第一人者と

して日本でも有名なブライアン・L・ワイス博士も、ジェリーのもとでヒプノセラピーを学んだ1人です。

また、ジェリーは学会を通じてヒプノセラピストへの指導やその地位向上のための活動を行っていて、世界最大規模の催眠士（ヒプノカウンセラー／ヒプノセラピスト／ヒプノティスト）の団体である米国催眠士協会®（National Guild of Hypnotists®）でも重職を務めています。

ジェリーは、親族の影響で幼い頃から催眠に親しみ、後にアメリカの伝説的ヒプノセラピストであるデーブ・エルマンに師事しました。

デーブ・エルマン（Dave Elman: 1900-1967）は、著名なラジオ・パーソナリティー、コメディアン、作曲家、放送作家、プロデューサーでもありました。

彼の父親は趣味として催眠を学んでいましたが、エルマンが8歳の時に末期がんを患ってしまいます。そのとき、家族と親しかった著名なセラピストが父親のがんの痛みを催眠で抑えたことをきっかけに、エルマンはこの技術を学びはじめました。

10代になったエルマンはショービジネスの世界へと足を踏み入れ、主にコメディアンとしての活動を開始しました。あるとき彼は修得した催眠術をショーで披露し評判を

得ましたが、彼の「力」を恐れたガールフレンドの両親が、娘に彼との交際を禁止したために催眠術を封印し、その後はサックスとヴァイオリン奏者として活躍しました。

　作曲家としての才能が豊かであったエルマンは、ショーを続けながら作曲の分野でも頭角を現し、いくつかのヒット曲を生み出しました。結婚を契機にラジオの世界にチャンスを見出した彼は、最初は地方のラジオ局でボランティアのパーソナリティーからスタートし、ついにはアメリカ最大のラジオ局の1つであるCBCで自らのショーを持つに至りました。このショーで彼はパーソナリティーとしてだけではなく、プロデューサー兼放送作家としても番組を支えました。

　その後、彼は別の大手ラジオ局であるNBCにも進出し、そこで放送された自身のショーにはセレブリティたちが多く出演しました。特に、当時の合衆国大統領夫人であったエレノア・ルーズヴェルトが番組にゲスト出演したときには大変な話題となりました。

　1948年のこと、プロデューサーとしていくつかの番組をまかされていたエルマンは、担当していた番組のメインパーソナリティに起用されていたミュージシャンが、スケジュールの都合で急遽出演ができなくなるというトラブルに巻き込まれます。パーソナリティーとしてその穴埋めを

引き受けた彼は、長年封印していた催眠術を披露するアイデアを思いつきます。この放送は大成功を納め、彼は放送を聞いていたリスナーである医師たちから催眠術とヒプノセラピーの指導を依頼されました。

　エルマンは医師と歯科医師に限って、20人程度のグループを対象にヒプノセラピーの指導を行うことを受け入れましたが、この講座が評判を呼び全米で定期的に開講されるようになりました。

　その講座の中で披露された「デーブ・エルマン誘導法」（巻末付録p278）とともに、瞬く間に彼はヒプノセラピーの第一人者として認められ、指導の依頼が殺到しましたが、数名の例外を除いて医師と歯科医師のみの指導にこだわりました。このことは医学界におけるヒプノセラピーの信頼度を増すことにつながりましたが、同時にヒプノセラピストとしての彼の名が人口に膾炙（かいしゃ）しなかった大きな要因ともなりました。

　彼は1967年に心臓発作が原因で亡くなりますが、その3年後の1970年にこれまでの講座の内容をまとめた著書"Hypnotherapy"が刊行されました。この本は現在もヒプノセラピーのバイブルとして世界中のセラピストから愛読されています。

　ジェリーは、幼少期に「押しかけ弟子」さながらにエル

マンの直接指導を受けることに成功し、その全伝を伝授されました。前述のとおり、エルマンは医師や歯科医師以外の人間にヒプノセラピーを教えることをほとんどしませんでしたが、すでに催眠の知識と技法をある程度身につけていたジェリー少年の熱意と才能と将来性に期待して、全伝を授けました。その後、ジェリーはプロのセラピストとなり、エルマンの療法の正統な後継者として活躍することになります。

　以上のことからも分かるとおり、ジェリーとオムニ・ヒプノシス・トレーニングセンター®（OHTC®）の修了生が修得しているヒプノセラピーは、その技法の多くがエルマン療法に由来します。そして、その根底にあるのが"Just regress to the cause and fix it."（「原因へと退行させ、それを修復せよ」）という考え方です。

　この言葉が示すとおり、エルマンそしてジェリーのヒプノセラピーは、年齢退行を重要視するものです。そのため、年齢退行を実現するための催眠誘導法や退行催眠法には様々な工夫が凝らされており、これがOHTCの１つの特徴となっています。

　私自身がこの技法を学んで一番驚いたのが、その再現性の高さでした。つまり、ジェリーから学んだことをそのままクライアントさんに対して施すことで、誰でもヒプノセ

ラピストとして一定の成果を出すことができるのです。

　エルマンは全米の医師と歯科医師から講習を依頼されて多忙であったので、限られた時間内で最低限の結果を出すためのプログラム作りを心掛けたのでしょう。それを受け継いだOHTCの講座が、短期間で初心者を上級者レベルのヒプノセラピストとして養成することが可能なのもそのためだと考えられます。

　現在、ジェリーは業界の最前線からは退きましたが、本の執筆や学会での発表や機関誌への寄稿、そして数年に一度のペースではありますが、米国そして欧州で指導を行うなど、未だ精力的に活動を続けています。

　2015年に、ジェリーはOHTCのすべてのビジネスを後継者であるハンズルーディー・J・ウィッフ（Hansruedi J. Wipf）へと譲渡し、スイスに拠点を置く彼のもとで、新生OHTCは真に国際的なヒプノセラピストの養成機関として生まれ変わろうとしています。

　特に、同年にOHTCの催眠およびヒプノセラピーのトレーニング、そしてOHTCのヒプノセラピーのメソッドが、国際的な品質マネジメントシステムである「ISO 9001：2008」をこの分野で初めて取得したことは実に画期的なことで、これによってヒプノセラピーの世界的な認知度と信用度は一気に高まったことになります。

私は2013年に、ジェリーとボブ・ブレナー、そしてハンズ・ウィッフのもとでトレーニングを受け、正式に日本・東京地区におけるOHTCの代表および認定講師に就任しました。これによって、今まではアメリカやヨーロッパへ出向かなければ受講できなかったOHTCの講座を、国内ですべて日本語でお受けいただけるようになりました。
　銀枝庵ではこれまで同様にヒプノセラピーのセッションをご提供し、OHTC東京ではヒプノセラピストの育成のために日々精力的に活動しております。
　OHTC東京でのトレーニングにご興味のある方は、巻末に情報を掲載しておきますので、ご覧の上、どうぞお気軽にお問合せ下さい。

Section 3 | 前世療法について

　銀枝庵では、前世療法（past-life regression）をセッションのメニューに入れておりません。実はこれ、日本では大変珍しいことなのです。と、いいますのも、現在日本にあるヒプノセラピーのクリニックのほとんどが前世療法を取り扱っていて、なかにはそれをメインにしているところも少なくないからです。

　誤解を避けるためにあらかじめいっておきますが、私は前世療法を否定しているわけではありません。教鞭をとる大学で、過去に英国スピリチュアリズムの講義を担当したこともあるくらいですから、前世の存在を個人的には信じています（銀枝庵という屋号自体が、シルバーバーチと呼ばれる霊とその霊による霊界通信からとったものです）。しかし、それを独立したヒプノセラピーのメニューとしてお客様に提供することには、個人的に抵抗があります。

　ヒプノセラピーの重要な技法の1つに「退行催眠」があります。ヒプノセラピストは、この退行催眠を駆使してクライアントさんのISE（Initial Sensitizing Event＝原初的感作事象＝ある症状が発症するきっかけとなった出来事）を探し出します。退行催眠には誘導の仕方に大きく2種類

あって、時間と場所を指定する場合とそうでない場合とがあります。

　クライアントさんの悩みの原因となっている出来事が明らかである場合は、その時と場所を指定した上で、退行の暗示を入れます。この技法は「直接退行（direct regression）」と呼ばれます。

　ですが、ほとんどのケースでは、原因があらかじめわかっているということはありません。ですから、通常は時や場所に関して何の指示も与えずに、クライアントさんの潜在意識にある記憶に導いていただく形で退行を試みます。これを「非直接退行（indirect regression）」と呼びます。

　さて、このとき、まったく予想外の出来事が起こることがあります。私の臨床例からお話ししますと、ある女性クライアントさんに「あなたにこのような症状を引き起こした原因となった過去の出来事に、あなたは戻っていきます」という暗示とともに退行催眠をかけたところ、彼女が急に低いしわがれた男性のような声で話しはじめたことがありました。しかも、息が荒く苦しげで、首を左右に小刻みに振りながら「もうだめだ、もうだめだ」と繰り返しています。「あなたは今、どこにいますか？　周囲の状況はどうなっていますか？　あなたは誰ですか？」と尋ねると、「すっかり火に取り囲まれてしまって、もう逃げられない。妻が

……煙が……苦しい！」といって両手を首に回したため、私はすぐに彼女をその場から離れさせ現在へと戻しました。

　その後、何度かその場面と現在とを往復する形で、状況の把握を試みました。その結果わかったのが、火に取り囲まれていたのは、江戸時代に上総の国（現在の千葉県の中央部）に住んでいた菓子屋の主人で、風の強い日に隣家から燃え広がった火事に巻き込まれて亡くなったということでした。

　セッション後に、クライアントさんに、この場面の記憶について尋ねてみましたが、ぼんやりとした夢を見ているようで、自分が何を話したかほとんど覚えていないという状態でした。

　彼女が私のもとを訪れたのは、のどの違和感を改善するためでした。その半年ほど前から、のどの奥に異物があって、そのために息がしにくいような、そんな不快感を持っていたのです。内科医のもとで何度検査を受けても異物は発見されず、「ストレスが原因でしょう」と精神科医を紹介され、薬も処方されましたが、数カ月経っても状態が変わらなかったためにヒプノセラピーを受けられたのです。

　この退行催眠を行ったのは、継続セッションの２回目のことでしたが、その後、１回のセッションをもって、彼女ののどの違和感はすっかり消えてなくなりました。

さて、この話だけ聞くと、菓子屋の主人が彼女の前世で、火事で煙を吸い込んだときの苦しみのカルマが、今世の彼女にのどの違和感という形で現れたのだという考え方もできなくはありません。そして、その記憶を彼女が取り戻し「原因」がはっきりしたからこそ、彼女を悩ましていた症状が消えたのだと。しかし、それは本当なのでしょうか？

　結論からいいますと、私にはわかりません。彼女の前世がどのようなものであれ、それを科学的に証明することは不可能ですし、その必要すらないと考えるからです。

　ヒプノセラピーは結果がすべてです。どのような形であれ、クライアントさんの状態が改善されればよいのです。私が彼女に入れたのは、「あなたにこのような症状を引き起こした原因となった過去の出来事に、あなたは戻っていきます」という暗示だけです。「あなたの前世に戻っていきます」と指示したのではありません。その暗示に対する彼女の潜在意識の答えが、火に包まれた菓子屋の主人だったのです。それが本当に彼女の前世であったとすれば、それはそれで構わないですし、もしそうでなかったとしても、潜在意識が示してくれた「原因」を特定したことによって彼女の症状が改善したのであれば、セラピストとしての私は、それをそのまま受け入れるだけです。

　つまり、私にとって、前世退行催眠（前世療法）という

のは、退行催眠の延長線上にある1つの「現象」でしかありません。年齢退行の過程において、通常であれば幼少期のある時点にたどり着くところを、どういうわけだか生まれる前にまで遡ってしまったという1つのケースに過ぎないのです。そして、その前世が本当にクライアントさんの過去生であっても、あるいは単にその方の潜在意識が生み出したイメージであったとしても、ヒプノセラピーを行うにあたっては、何の違いもありません。

　私はこの手の臨床例をあまり持っていないのですが、カイン師は50年を超えるそのキャリアの中で、何の指示もなしに前世へと自動的に退行するクライアントさんを何人も見てきています。その師匠がいうには、そうしたクライアントさんの多くが、幼少期に大きな心の傷を負っているということです。

　例えば、幼いころに親から性的虐待を受けた人がいたとします。そのことはあまりにもショックな出来事であることから、その人の潜在意識は記憶を封印します。しかし、心の傷はそのまま残るため、後年、そのひずみが何らかの症状として現れることがあります。そして、その症状の原因をヒプノセラピーで探ろうとする過程において、セラピストがその記憶に触れることをその人の潜在意識が拒絶したとします。自分の身に起こった忌まわしい過去の傷を何

らかの形で顕在意識が知ることになったら、自我がそれに耐えられるかどうか確信を持てないからです。

ですが、同時に潜在意識はこの記憶に向き合わない限り、それを原因としている症状が改善しないことも理解しています。ですから、性的虐待を受けたのは幼い自分ではなく、生ま・れ・る・前・、前・世・の・別・の・自・分・であるということにしてしまうのです。そうすれば、親による性的虐待という「事実」に向き合うことができると同時に、今の自分が持っているこの身体は虐待を受けなかったということになります。こうして、心に折り合いをつけながら過去の辛い事実に向き合うための道具として「前世」が使われる例も多くあるというのが師匠の解釈でした。

ただ、同時にカイン師は「この業界にいれば、科学や心理学では説明がつかないような出来事に必ず遭遇することになる。だから、先入観を持たずに、否定も肯定もせずに、ただ潜在意識が与えてくれる情報だけに気を配りなさい」とも教えてくれました。

私が前世療法をメニューに入れていないのは、師匠のこの教えを信じているからです。前世療法が実際に一定の効果を上げていることも承知しておりますし、繰り返しになりますが、私は前世の存在を否定しません。

ですが、少なくとも銀枝庵では、わざわざ特別にメニュー

を設けてまで前世療法をやる必要はないと考えていますし、ましてや、通常のヒプノセラピーのセッションよりも高い金額を設定して行うべきものではないと思います。なぜなら、よほど特殊なかけ方をする場合を除いて、通常の退行催眠と前世退行催眠に技術的な違いはほとんどないからです。クライアントさんの記憶を、今世から前世へと導くために、セラピストが追加の料金をいただかなくてはならないような特別な何かをしなければならないということは、少なくとも私の場合はありません。

Section 4 | ヒプノセラピーは お高い？

　ヒプノセラピーを受けてみようかどうか悩まれている方が気にされることの1つに、料金のことがあると思います。
　現在、日本ではヒプノセラピーに健康保険は適用されません。旧・民主党の鳩山由紀夫氏が首相時代に行った所信表明演説の中で「統合医療の積極的な推進の検討」を明言し、厚生労働省内でヒプノセラピーを含む民間医療や世界各国の伝統医学の保険適用や資格制度化について検討されたこともあったのですが、首相退陣と政権の崩壊を受けて、その後の動きはぱったりとやんでしまいました。
　そのため、国内でヒプノセラピーを受ける場合には原則、保険外診療ということになりますので、セラピストは各自自由に料金を設定しているというのが現状です。
　私がネットで調べた限りでは、催眠療法の平均的な施術料金は1時間1万円＋税〜となっています。これ以上に高いところもありますし、逆に「モニター募集」と銘打って、1時間数千円で施術を行うセラピストの方もいらっしゃいます。
　銀枝庵では、メールによるご相談は無料としておりますが、施術料金は、初回、継続セッションともに2時間半〜

３時間で２万５千円（税込）いただいております（2016年10月現在）。終了までの平均的なセッション回数は２〜３回ですから、合計で５〜７万円以上の料金がかかります。

　これだけ聞くと、「ずいぶんとヒプノセラピーは高いんだな」と感じる方が多いと思います。ですが、本当にそうでしょうか？

　仮にあなたがうつ病になったとしましょう。まずは身体の調子が悪いということで、内科を受診すると思います。そこで初診料、診察料、薬代で数千円はかかるでしょう。

　再診を繰り返したのち、症状が身体の不調が原因でないということがわかれば、次は精神科か心療内科の医師を紹介されます。そこで再び、初診料、診察料、薬代がかかります。数カ月通って状態がよくなればよいのですが、改善が認められずに、今度はカウンセリングにかかることを勧められたとしましょう。

　カウンセリングも、カウンセラーにより料金はバラバラです。保険が効かないカウンセリングの場合は、１時間５千〜１万円程度かかります。仮に１時間５千円のところに通うことになったとしましょう。週１回のセッションを10回受ければ５万円、20回受ければ10万円にもなります。最初に内科を受診したときから合わせて、この段階ですでに15万〜20万円程度の金額になっており、し

かも発症から半年〜1年が経っていることも珍しくはありません。

　もちろん、これでうつ病が治っていればよいのですが、残念ながら、ここに至っても症状に改善が見られない方が多くいらっしゃいます。

　上記はあくまでも一例にすぎませんが、現実に即していない極端な例ではありません。うつ病の患者さんの多くは、このような治療プロセスを経て、それに伴う料金を支払うことになるのです。

　少し別の見方をしてみましょう。うつ病が進行すると、仕事をする気力も体力も奪われ、休職に追い込まれることがしばしば起こります。その際、幸いにも傷病手当金等で生活をすることができたとしても、収入は激減してしまいます。さらに悪いことに、うつ病が長引いた結果、退職勧告を受けてしまう、あるいは自ら仕事を辞してしまったとしましょう。元気に働いていた時の月収が30万円だったとしても、うつ病で仕事を失えば月収は0円です。

　社会人でなくても、高校や大学でうつ病のために半年〜1年間休学をしたとします。私立の学校であれば、その期間の学費が半分になったとしても数十万円もの金額が無駄になってしまいます。

　以上のことを考えますと、ヒプノセラピーに3回通う料

Chapter 4

ヒプノセラピストのひとりごと

金は決して高くはないのではないかと私は思うのですが、いかがでしょうか？

　もちろん、３回で症状が完全に改善するという保証はできませんし、セッションを受けても期待したほどの効果が得られない場合もあります。また、お金の価値観も人それぞれですので、ヒプノセラピーは絶対にお得だと断言するつもりもありません。ですが、私を含めた多くのヒプノセラピストが、決して法外な料金でセッションを行っているのではないということだけはご理解いただければ幸いです。

Section 5 ヒプノセラピーは劇薬

Chapter 4 ヒプノセラピストのひとりごと

　ヒプノセラピーのセッションが完了した直後、戸惑いの表情を見せるクライアントさんが多くいらっしゃいます。中には思わず「え、どうしよう！」と口にされた方も。実はこれ、これまでに抱えていた悩みからクライアントさんが解放されたときの反応なのです。

　銀枝庵を訪れるクライアントさんの多くが、ヒプノセラピーを試す以前に、長期にわたって別の療法を受けておられます。人によっては、10年以上も治療に費やしている方もいらっしゃいます。それが、たった数回のセッションで、その症状が大幅に改善されてしまうのですから、「まさか、信じられない！」「今まで自分がやってきたことは、一体何だったのか？」「こんなことなら、もう少し早くこの療法に出会っていたら」……こうした反応が出てくることも当然理解できます。もちろん最後は、皆さん満面の笑みを浮かべてお帰りになります。ヒプノセラピストとして、「この仕事をやっていてよかった」と心の底から思える最高の瞬間です。

　ところが数日後、セッションを終えたばかりのクライアントさんから連絡を受けることがあります。「何か起こっ

たのか？」と一瞬緊張しますが、ほとんどの場合が「次のセッションを１日でも早く受けたい」というリクエストです。

セッション終了後、多くのクライアントさんは、これまで長年悩まされてきた症状から突然解放されます。人によっては、まるで生まれ変わったかのように感じられることでしょう。

しかし、実際のところは、セッションによって改善した状態が落ち着くまでには、ある程度の時間が必要となります。ヒプノセラピーはクライアントさんの心に新しいプログラムをインストールするところまではできますが、古いプログラムを書き換え、新しいプログラムを実行させるのはご本人の潜在意識の仕事です。そして、それが完了するまでには一定の時間がかかります。

クライアントさんの抱える悩みのほとんどは、前述したISE（ある症状が発症するきっかけとなった出来事）から長い時間をかけて積み重ねられたネガティブな暗示（プログラム）が引き起こしたものです。それだけの膨大なプログラムを書き換えるのですから、処理に時間がかかるのは当然のことです。

ところが、ヒプノセラピーを受けると、わずか数回のセッションで劇的にその症状が改善する場合があります。人に

よっては、セッションの直後から効果を実感できるようになります。すると、ヒプノセラピーへの信頼が増すと同時に、「自分はもう完治したのだ」という思い込みをしてしまう方が多くいらっしゃるのです。ですが、実際には、プログラムの書き換えが完全に終わるまでは軽いながらも症状は続きますので、その結果「まだ足りない」「症状がぶり返した」「もう一度セッションを受けたい」と思われるようになるのです。特に重い症状を抱えていたクライアントさんほど、こうした反応を示されることが多いようです。

　このようなご依頼を受けたとき、私は1カ月ほど様子をみていただくようにお願いするのですが、それは新しくインストールされたプログラムが実行されるまでの期間を確保するためです。そして、ほとんどのクライアントさんが、1カ月後には症状が気にならなくなり、セッションを不要だと感じるようになります。

　それでも、セッションを受けたいとご希望のクライアントさんには予約を入れていただきますが、その場合でも、そのセッションが終わった後、次回のセッションまでにはさらに長い間隔を空けていただきます。長期的な定期セッションを行う場合でも、数回の基本セッションの後、1カ月、3カ月、半年、1年と時間を空けていただくことが一般的です。そこには、プログラムをなじませるということ

に加えて、ヒプノセラピーとセラピストへの依存を防ぐという重要な意味があります。

　私はヒプノセラピーを「劇薬」ととらえています。効果が強大であるがゆえに、依存も起こりやすいのです。一時的ではありますが、催眠状態では痛みや苦しみから解放され、身も心も完全にリラックスしますから、現実世界で辛い思いをされているクライアントさんにとっては、そこはまさに夢のような世界なのです。

　ですが、私はヒプノセラピストの仕事の本分は、安易に現実逃避の場所を提供することにあるのではないと考えています。逆に、クライアントさんには、ヒプノセラピーを通じて悩みを解決した上で、現実世界を力強く生き抜いていただきたいのです。

　ですから、私は、劇薬であるヒプノセラピーの中毒者を増やすような必要以上のセッションは提供するべきではないと考えています。もちろん、ビジネス的にはリピーターが多い方がよいのでしょうが、一ヒプノセラピストとしては、依頼された症状に関しては再び療法を必要としないだけの結果を出す「一期一会」のセッションを目標にしています。

Section 6 私がカウンセリングに時間をかけない理由

　私はヒプノセラピーを、カイン師とM先生の2人から学びましたが、現在、銀枝庵のセッションで主に用いているのはカイン師のもとで修得した技法です。

　もともと、カイン師のヒプノセラピーに憧れてこの世界に足を踏み入れたということもありますが、私が師匠のメソッドを採用している最大の理由は、そのやり方が私の性に合っているということに尽きると思います。

　先日、M先生のもとで一緒に催眠心理療法を学んだ仲間と、一杯飲みながらヒプノセラピー談義をする機会がありました。現在、カウンセラー／セラピストとして活躍をしている彼と情報交換をするうちに、お互いのヒプノセラピーに対するアプローチがずいぶんと異なることに気付きました。

　その1つがカウンセリングに対する考え方です。

　彼はM先生に学ぶ前にカウンセリングを長く勉強しており、そのためにクライアントさんとのセッションでは、カウンセリングをじっくりと行います。1回3時間という長時間セッションの中で、まずは丁寧にクライアントさんのお話を伺い、それから催眠誘導へと続いていくのですが、

カウンセリングだけでセッションを終えることも珍しくはないということです。

彼は「カウンセリングもヒプノセラピーの一部」という考えを持っていて、それはＭ先生の意見とも一致していました。私もその考え方は正しいものであると思っています。

ですが、私自身はセッションの中で「まずはクライアントさんのお話をじっくりと聞きましょう」というタイプのカウンセリングはほとんど行いません。先生や彼のようにきちんとカウンセリングを学んだことがないのも理由の１つですが、何よりカイン師から受けた指導の影響が大きいのだと思います。ある講義の中での師匠の言葉です。

「いわゆる傾聴(けいちょう)を重視する一般的なカウンセリングは、ヒプノセラピーとは相性が悪い。なぜなら、クライアントが顕在意識を用いて生み出した言葉をいくら聞いたところで、それは本人の潜在意識が生み出した症状の原因とは何の関係もないことが多いからだ。ヒプノセラピストは、人の顕在意識には、潜在意識の抱えた問題を理性的に説明するためにつじつまを合わす機能があることを忘れてはならない。

もちろん、私はカウンセリングを否定しているのではない。受動的であるとされる傾聴の技法も、実は質問の選び方ひとつでいくらでも能動的になれるし、じっくりと時間

をかければクライアントの選ぶ言葉の端々に潜在意識の叫びを感じ取ることができるだろう。また、クライアントが、自らが紡ぐ物語を通じて、必要としている答えを見つけることができることも確かだ。しかし、それは純粋なヒプノセラピーの技術とは異なるものだ。

　ヒプノセラピーがヒプノセラピーであるゆえんは、それが人の潜在意識に直接アクセスする技術であるということだ。催眠は心の中のクリティカル・ファクターを迂回し、セラピストが直接クライアントの潜在意識に働きかけることを可能にする。ならば、ヒプノセラピストは催眠誘導を行った後で、潜在意識に対してカウンセリングを行えばよろしい。

　クライアントの顕在意識を通じて潜在意識にアプローチをすることは、臨床心理士やカウンセラーに任せておけばよい。彼らはその道の専門家だ。しかし、我々はヒプノセラピストであるのだから、そうしたところには踏み込まず、我々が最も得意としている分野、つまり、催眠をかけて潜在意識を調整するというところで実力を発揮すればよいのだ。

　顕在意識の力を弱めて潜在意識に直接働きかけることができるがゆえに、ヒプノセラピーはあらゆる心理療法の中で効果を最速で生み出せるのだ。そうしたヒプノセラピーの特性を決して忘れてはならない」

もちろん、カイン師のクリニックでもカウンセリングは行います。しかしそれは、カウンセリングというよりは「問診」に近いものです。クライアントさんに自由に話をしていただくのではなく、こちらの用意した質問に次々と答えていただく形をとります。そして、その質問に対してクライアントさんが、こちらが要求した以上のことを答えようとすると、師匠は容赦なくそれを遮ります。

　正直に打ち明けますと、師匠のこうした様子を最初に見たときは「ずいぶんとクライアントさんに対して冷たいんだな」という印象を持ちました。クライアントさんの多くは、それまで誰にもいえなかった悩み、心の奥底にためこんだ鬱憤や恐怖などを抱えてクリニックに訪れます。そして、心理療法の専門家でもあるヒプノセラピストを前にしたとき、そうした方々が、すべてを打ち明けたいという気持ちになるのはあたりまえのことです。

　ところが、師匠はクライアントさんの話が長くなりそうな気配を察すると、急いで質問を次へと移したり、ときには「はい、その件についてはもうわかりましたので」とはっきりと言葉を遮ることもあります。こうした師匠の態度についてその真意を正してみたところ、次のような答えが返ってきました。

「"Do not listen to their conscious mind!"（クライアントの顕在意識のいうことを聞いてはいけない！）

ヒプノセラピーを行う上で一番気を付けなければならないことが、クライアントの顕在意識から生まれた言葉をセラピストがそのまま信じてしまうことだ。それは必ず先入観となって、症状の本当の原因を分析する際の妨げとなる。だから、セラピストは催眠導入前のカウンセリングは必要最低限の質問をする程度にとどめておかねばならない。

とはいっても、話をしたい相手の会話を完全に遮断することは不可能だし、そうすることでお互いの信頼関係に傷がつくことにもなりかねない。だから、セラピストはクライアントの話を聞きつつも、それを聞き流す技術を身につけなくてはならない」

この説明に「なるほど！」とは思いつつも、臨床をはじめてすぐの頃は、クライアントさんの話を遮ったり、聞き流したりすることは私にはできませんでした。ところが、セッションをこなしていくうちに師匠の教えの正しさがだんだんとわかってきました。

第2章で説明したSPE（症状発生事象）を思い出してください。人にある症状が起こるためには、まずはISE（原初的感作事象）がトラウマというコップを作り出し、そ

こにSSE（継続的感作事象）が一滴一滴と水を注いでゆき、SPE、つまり最後のSSEがコップに落とされて水があふれ出ることが必要となります。このとき、SPEはその後の症状による苦しみを一番はじめに体験するきっかけとなった出来事となりますから、ほとんどのクライアントさんがSPEこそがご自身の症状の原因であると勘違いしてしまいます。顕在意識にとっては、それが一番わかりやすく、理にかなった説明であるからです。

　顕在意識の役割は症状の原因を特定することではありません。たとえそれが間違いであっても、症状が起こったという事実に対して納得のいく説明を与えることが本分です。そうしないと、自らの精神が崩壊してしまうからです。

　ですから、クライアントさんの多くはご自身の症状がどうして起こったのかについて、SPEの体験をもとにセラピストに微に入り際に入り説明しようとされます。それがセラピストにとって役立つ情報であると信じていらっしゃるからです。しかし、実際にヒプノセラピーを施してみると、その分析が誤りである場合がほとんどなのです。

　ただ、よく考えてみれば、これは至極当たり前のことであることがわかります。クライアントさんが、もし本当にご自身の症状の原因を知っていらっしゃるのであれば、何もわざわざセラピストのもとを訪れなくとも、別の方法で

それを取り除いてやればいいだけの話ですし、そもそも冷静に分析できる程度の原因であれば症状が起きることもなかったでしょう。

　セッションの時間は限られており、その時間のためにセラピストは決してお安くない額の料金をいただいております。ならば、クライアントさんの症状の原因の特定にほとんど役に立たない顕在意識の「いい訳」や「こじつけ」を聞くよりは、できるだけ早く催眠状態へと誘導して、じっくりと潜在意識と膝を突き合わせる時間をより多く設けたいと、やがて私も考えるようになりました。

　ですから、もし私がセッションの中で一般のカウンセラーのようにクライアントさんのお話に耳を傾けることをしなかったとしても、私がその方に興味がないとか、いい加減な気持ちでカウンセリングをしているわけではないということをご理解いただければ幸いです。大切なお話は、催眠状態に入っていただいた後にじっくりとお聞きします。

　最後に、誤解のないように述べておきますが、前述したM先生や仲間のセラピスト、そして心理カウンセラーの方々が行っているような、時間をかけてクライアントさんに向き合うスタイルのカウンセリングを私は決して否定しているわけではありません。

　こうした方々は、巧みなカウンセリング技術を用いて強

力なラポール形成を行い、最後にはカウンセリングを通じてクライアントさんが必要な気付きを得ることを目指します。このとき、実はほとんどのクライアントさんがトランス状態に入っているのですが、催眠誘導というはっきりとした形をとらないので、カウンセリングだけで症状が改善されたように感じられるようです。

　私のやり方とは異なりますが、こうした「じっくりと自分の話を聞いてくれる」「包み込むような」カウンセリングに安心と信頼を感じるクライアントさんも多くいらっしゃると思います。ヒプノセラピストには独自のスタイルというものがありますから、ご自身のお気持ちと感性に合うセラピストのもとでセッションを受けていただくのが一番です。そのため、セッション前に、どのようなやり方で施術を行うのかについてメール等で確認することも大切だと思います。

Section 7 | ハードなヒプノセラピー、ソフトなヒプノセラピー

Chapter 3の「ヒプノセラピー体験者による生の声」をお読みになった方は、何人かのクライアントさんが私の行うセッションを「スピード感あふれる、刺激的で力強い誘導」ですとか「初回のときの優しい姿とはまるで別人のような力強さで、私をぐいぐいと導いてくださいました」と表現されたことに違和感を持たれたかもしれません。

なぜなら、それらは一般的に知られたヒプノセラピーのイメージとはずいぶんと異なるものであるからです。

もしあなたがヒプノセラピーを、リクライニングチェアやソファーに横たわったクライアントさんの横でセラピストが低い声で「私が数を1から10まで数えると、あなたはだんだんと深いリラックス状態に入っていきます。ひと〜つ、ふた〜つ、み〜っつ……」と誘導するものだと想像されているのであれば、「一体それのどこがスピード感にあふれているのだ？」と思われるのは当然のことです。そして、その考えは決して間違ったものではありません。

なぜなら、日本で開業しているヒプノセラピストの大多数が、このような催眠誘導を行っているからです。

こうした催眠誘導のことを「弛緩法（しかんほう）」といいます。ヒプ

ノセラピーの世界では、頭のてっぺんから足のつま先まで身体を何か所かに分けて、1つ1つリラックスを促す「漸進的分割弛緩法（ぜんしんてきぶんかつしかんほう）」というテクニックがあり、多くのセラピストがこれを用いています。

　漸進的分割弛緩法は大変効果的な催眠誘導法であるのですが、私は特別な場合を除いてはこれを使いません。その理由は、深い催眠状態まで導くのに時間がかかりすぎるのと、特に夕刻以降のセッションでこれを行うと、クライアントさんがそのまますやすやと眠ってしまうことが多いからです（笑）。

　その代わりに私が使っているのが、高速催眠誘導（rapid hypnotic induction）あるいは瞬間催眠誘導（instant hypnotic induction）と呼ばれるものです。漸進的分割弛緩法では10数分かけて催眠状態まで導くところを、高速催眠誘導では数分、瞬間催眠誘導では文字どおり一瞬で誘導します。前述のデーブ・エルマンが開発した「エルマン誘導法」は、高速催眠誘導の一種になります。

　もちろん、こうした誘導はプレ・トークでクライアントさんの恐怖心を消すことではじめて可能となるものですから、実際は長い時間をかけて催眠を施しているのだと考えることもできます。ですが、実際の誘導はあっという間に終わってしまいますので、クライアントさんは私の誘導を

スピード感あふれるものだと感じられたのでしょう。

　さて、催眠誘導後の暗示の入れ方についてですが——クライアントさんを催眠状態へと導いた後で思わずあくびが出るようなの〜んびりとした、低くやさし〜い声で暗示を入れるセラピストが日本にはまだまだ多いように思います。

　そうした人たちは一体何を恐れているのでしょうか？ もしかすると、大声を出すとクライアントさんが目を覚ましてしまうとでも思っているのでしょうか？　催眠が睡眠状態とは異なることは、ヒプノセラピストであれば誰でも知っていることです。ならば、猫なで声を使って「大丈夫だよ、そばにいるよ」という共感をアピールしたいのでしょうか？

　ずいぶんといじわるな問い詰め方をしてしまいましたが、実はこうした指摘のいずれもが当たらずとも遠からずというのがヒプノセラピーの世界の実情ではないでしょうか。

　催眠誘導を行う際に、静謐（せいひつ）な環境にあった方がそれをし易いというのは確かですが、それは絶対条件ではありません。もしそうであれば、ステージ催眠などは決して成り立ちません。というのも、誘導後も静寂を保つことが催眠にとって不可欠であるならば「激しい音楽を耳にしたら、あなたはロックスターになってしまいます」なんて暗示は絶対に入らないはずです。

Chapter 4

ヒプノセラピストのひとりごと

一流のステージ催眠術師はこうした催眠の特性を理解した上で、どんな状況であっても催眠をかけようと試みます。しかし、ステージ催眠の経験のない純粋培養のヒプノセラピストの多くは、静かな環境で催眠を行わなくてはいけないという強迫観念にとらわれているように思えます。

　催眠（hypnotism）という言葉を生み出したジェイムズ・ブレイドが、後年、この技術を「眠り」という言葉と結びつけたことを後悔したというのは有名な話ですが、クライアントさんはともかく、実はヒプノセラピストの多くも、催眠＝眠りというイメージからの脱却ができていないのではと思わざるを得ません。

　もちろん、穏やかな声質、あるいは柔和な表情や表現がクライアントさんに安心感を与え、それがラポール形成に役立ったり、対人セッションへの恐れを軽減する効果があることは否めません。「大丈夫だよ、そばにいるよ」というセラピストの態度に救われるクライアントさんがいることも確かでしょう。

　ですが、それはあくまでも催眠誘導の前後の話です。クライアントさんを一度催眠状態に入れたら、そこからセラピストはその方の潜在意識と直接向き合うことになります。

　ここで思い出していただきたいのが、OS第３の機能である『感情の取り扱い』です。人の感情を取り扱うことが

できるのは潜在意識だけであり、それは外部からの刺激に反応し、それを取り込もうとします。

　ここまで書けば、もうおわかりですね。つまり、感情に乏しいソフトなだけの言葉には潜在意識を突き動かす力はないのです。「あなたは〜ますます〜元気になっていきま〜す」とセラピストがほんわかボイスで暗示を入れたところで、クライアントさんの潜在意識は「元気、元気っていうけどさぁ、あんたの声に元気がないんだよ」とあくびを噛み殺しながら聞き流してしまいます。

　トラウマのほとんどは、ショックという激しい感情を伴って潜在意識に入り込んだ言葉や体験が生み出したものです。それゆえに、セラピストはそれらに負けないほどの感情に溢れる暗示を、クライアントさんの心に文字どおり叩き込まなくてはなりません。

　ところで、私のセッションでは、催眠誘導を行う前にクライアントさんに合意書にサインをいただきますが、その中に以下のような項目があります。

私は、ヒプノセラピーを用いたセッションの最中に、施術の一環として、事前の合意の上で、セラピストが身体（頭、額、首、肩、腕、手、等）に触れることを理解しています。

Chapter 4

ヒプノセラピストのひとりごと

これをご覧になった各種心理療法の施術者の皆さんは思わず息をのんだことでしょう。なぜなら、セッションでクライアントさんの身体に触れることは、この業界ではタブーとされているからです。

　ですが、私は女性クライアントさんに対しても、このことをあえてお願いすることにしています。なぜなら、セラピーの効果に大きな差が出てくるからです。

　この技法を教えてくれたのはカイン師ですが、例えばセクシャル・ハラスメントの問題1つとっても、アメリカでは日本とは比べ物にならないほど厳しい法規制があります。医療従事者の患者に対するハラスメントに関する訴訟も少なくありません。そんな状況にありながらも、師匠は「細心の注意を払い、自己防衛を行った上で、できるだけクライアントには身体に触れることを許してもらいなさい」と弟子に教えました。なぜなら、「セラピストの手が、指がクライアントの潜在意識への punctuation marks（句読点）になり exclamation marks（感嘆符）になる。言葉だけではなく、身体も使って暗示を入れていくことが大切」だからです。私の臨床体験でも、身体に触れることを許していただいたセッションでは、明らかに暗示の入り方が深くなることがわかっています。

　もちろん、クライアントさんの中には症状や宗教上の理

由で、身体に触れられることを拒まれる方もいらっしゃいます。そうした場合は決して無理強いすることなく、時間はかかりますが、粘り強く、暗示を繰り返し入れていく手法を用います。また、触れ方ひとつとっても、決してクライアントさんに不快な思いをさせないように細心の注意を払っております。

さて、ここまでの説明を読んでいただければ、私の行うヒプノセラピーが一般的なイメージからは大きく異なることをご理解いただけると思います。そして、もし読者であるあなたが私のセッションを実際にご覧になる機会を得たとしたら、そこでさらに驚かれることは間違いありません。

目を閉じて静かに横たわっているクライアントさんの横で、セラピストである私は一言発するごとに両手を振り回し、自分の胸を叩き、拳を握りしめ、クライアントさんの頭を揺らし(もちろん、最初に首の動きに問題はないかを確かめたうえで行います)、肩をゆすり、時には涙を流します。それはまさに舞台の上の演劇さながらです。セラピストはクライアントさんとともに、喜び、怒り、哀しみ、楽しむことではじめて潜在意識に言葉を届けることができるのです。

カイン師はかつてこういいました。
「よいヒプノセラピストになるためには、必ず受講しなけ

ればならないクラスが2つある。1つは優秀なヒプノセラピーの指導者によるクラス。もう1つは演劇のクラスだ」

　私は演劇のクラスこそ受けたことはありませんが、大学と大学院では英文学を専攻しましたので、シェークスピアはすべての戯曲を原書で読みましたし、その他の劇作家の作品も数多く読み、観劇する機会を得ました。今でも映画鑑賞や観劇は大好きです。そして、何といっても私が大学で行っている英語の名文を音読する授業が、私の「演技力」を高めてくれました。

　私がカイン師のヒプノセラピーを好み、銀枝庵でのセッションに採用した理由は、こうした大胆かつ積極的な姿勢が私の性格に合ったからでしょう。それは私が高校から大学までの間、カナダに留学していたことも影響しているに違いありません。また、こうした「攻め」のヒプノセラピーに共感するのは、私が長年武術の修行を続けてきたことにも起因するのかもしれません。

　私のセッションを、体験記をお寄せ下さったクライアントさんは「刺激的」「力強い」「ぐいぐい」などと評してくださいましたが、これらは確かに的を射た表現であると思います。

　例えば、整体の世界には、痛みが少なく穏やかな効き目のソフトな整体と、痛いのだけれど効果てきめんのハード

な整体の2種類がありますが、私のヒプノセラピーは明らかに後者に属するものだと思います。もちろんクライアントさんが痛みを感じるようなことは決していたしませんが、安心感でふんわり包み込むような「母性的」なセッションではなく、クライアントさんが自分の両足でしっかりと地面に立てるように力強く導き、指導する「父性的」なメソッドであることは間違いありません。

　こうした私のセッションはくせのあるもので、決して万人受けするものではありません。ソフトな整体が身体に合う方がいらっしゃるのと同様、ソフトなヒプノセラピーが最良の効果を引き出すことも当然あるのです。そして、その逆もまたしかりです。ですから、読者の皆様には、是非、ご自身に合った施術を行うセラピストを探していただき、ヒプノセラピーのパワーを最大限に享受していただければと思います。

Section 8 催眠のイメージとは？

　私が新規のクライアントさんをお迎えする際に、必ず尋ねる質問があります。
　それは、「ご自身が催眠にかかったら、どのような状態になると思いますか？」というものです。
　あくまでもイメージでかまわないので、質問には必ず答えていただきます。
　すると、クライアントさんの口からは「リラックスして、ウトウトしてしまうのではありませんか？」ですとか、「意識が遠のいたり、記憶が無くなったりするんじゃないですか？」といった、様々な答えが出てきます。
　実際に催眠誘導を開始する前に、この質問を通じて、クライアントさんの考える催眠状態と実際の催眠状態との「ギャップ」をしっかりと把握することは、ヒプノセラピーを成功させるためには大変重要なことです。
　例えば、先ほどの「意識が遠のいたり、記憶が無くなったりするんじゃないですか？」と答えたクライアントさんに催眠をかけてみても、実際には、意識が遠のくことも、記憶が無くなることもありません。すると、この方は「自分は催眠にかかっていないのではないか？」と考えるよう

になります。自分の持つ催眠のイメージとあまりにかけ離れているために、催眠にかかっていることを認識できなくなるのです。

プロのヒプノセラピストは、クライアントさんが実際に催眠状態に入っているか否かを、主に身体の反応を通じて見極めていきます。通常意識状態から変性意識状態、つまり催眠状態に入ると、一瞬ですが顔の表情がなくなって能面のようになったり、血流が増して皮膚に赤みがさしたり、睫毛がぴくぴくと小刻みに動いたり、REM（Rapid Eye Movement＝急速眼球運動）が起こったりします。

そうした身体上の変化を観察しつつ、ところどころで被験性・被暗示性テストを入れるなどしてクライアントさんの催眠状態を把握しながら、セラピストはセッションを進めていくのです。

ですが、たとえ身体が深い催眠状態に入っていることを示していたとしても、クライアントさん自身が「自分は催眠に入れていないのだ」と勝手に思い込んでしまうことがあります。

例えば、催眠にかかると「意識が遠のき」「記憶が無くなる」というイメージを持っている人は、意識もはっきりしていて、セッション中の記憶をすべて覚えている自分が、まさか催眠状態にあるとは到底思えないはずです。そし

Chapter 4

ヒプノセラピストのひとりごと

て、ヒプノセラピーを受けに来たクライアントさんにとって、自分が催眠にかからないということは、そのまま「失敗」を意味します。

　セッション終了時に、クライアントさんが「私は自分が催眠にかかっていたとは思えないんですが……」と一言でもおっしゃってくだされば、セラピストはその時点で催眠状態について詳しい説明を行うことで、セラピーが成功したことをお伝えすることができます。ですが、クライアントさんが何もおっしゃらなかった場合、セラピストが手応えを感じているその裏で、クライアントさんが「今日のセッションは失敗だった。期待外れだった」という思いを抱いているのかもしれないのです。当然、そのようなケースでは、せっかく行ったヒプノセラピーの効果も台無しです。

　さらに、それが単にセラピストへの失望で終わるくらいならよいのですが、中には「催眠にかからなかったのは自分のせいだ。先生に申し訳ない」と自己否定をし、罪悪感さえ抱いてしまう方もいらっしゃいます。お悩み事の改善のためにヒプノセラピーを受けたのに、別の悩みをお持ち帰りいただくなんてことは、絶対にあってはならないことです。

　それを防ぐためには、セッション前に先ほどの質問をして、「人が催眠にかかると実際にはどのような状態になる

のか?」ということを丁寧に説明する必要があります。これもまた、プレ・トークの一種なのです。

　クライアントさんは、それぞれの方が深刻なお悩み事を抱えてヒプノセラピーを受けられます。ですが、催眠という現象があまりにも日常からかけ離れているために、そのお悩み事の解決より先に、「自分がうまく催眠にかかれるだろうか?」ということを心配されてしまうことが多くあるのです。

　もちろん、これでは本末転倒です。ヒプノセラピーにおいて、催眠にかかることは必須ではありますが、それがセラピーのすべてではありません。クライアントさんに催眠状態に入っていただいた後で、私たちがやらなければならないことは山ほどあるのです。

　ですから、ヒプノセラピストは、プレ・トークの技術を駆使して催眠状態のありのままを丁寧に説明し、クライアントさんに「自分はちゃんと催眠にかかれているのだ」ということを認識していただく努力をする必要があります。

　ヒプノセラピストにとって、催眠は唯一の、そして大切な道具です。だからといって、催眠の素晴らしさや特殊性をあまりにも協調しすぎると、クライアントさんに必要以上のプレッシャーを与えることになりかねません。

　催眠というのは、本来、誰もが入ることのできる自然な

Chapter 4

ヒプノセラピストのひとりごと

精神と肉体の状態です。特別な資質を持つ人間だけが入ることのできる特殊な世界ではありません。そうした催眠の真実を、セラピストはクライアントさんにお伝えするように心掛けてください。

Section 9　教員の立場で考える「教育催眠」の可能性

　私は現在、東京都内の大学で英語の教員をしています。博士号を持ったドクターではありますが、心理学や精神医学とは何の関係もない文学博士で、博士論文は『教養と無秩序』で知られた19世紀英国の批評家マシュー・アーノルドについて書いたものです。

　二足のわらじを履くことは決して楽ではありませんし、大学での教務や事務のためにヒプノセラピーのセッションに割ける時間が制限され、クライアントさんにご迷惑をおかけすることもしばしばですが、今のところは、クビにでもならない限り、大学の仕事を続けたいと思っています（笑）。

　私がそう考える理由の1つは、大学で「教育催眠」の研究と実践を続けたいからです。

　教育催眠とは、文部科学省発行の「生徒指導の手引」にもその活用が記載されている、「催眠の特性」を活用して、短期間に子供たちの良さを伸ばしたり、好ましい意識に改善を試みる技法のことです。その応用は多岐にわたりますが、一般的には生徒指導、教育相談、特別支援教育、学習指導、進路指導、給食指導、健康指導等に用いられること

が多いようです。

　私は英語の教員ですので、現在は学生の英語修得のために催眠を役立てることができないか、その可能性について研究を続けています。その成果は個人指導のレベルではすでに表れていて、Chapter 3の体験談⑫や⑭でご紹介したように、もとから英語修得に対する意識の高い学生のモチベーションをさらに引き上げる程度のことは容易にできるようになりました。こうした催眠の特性を用いた英語教育のメソッドについては、自分の中ではかなりの具体性を持って構築されつつありますので、近い将来に何らかの形で研究成果を発表することができると思います。

　そして、もう１つの理由ですが、私は大学生が、催眠という技法を通じて、人の心の仕組みとコミュニケーションの方法を学ぶことはとても有意義なことであると信じているのです。

「増補改訂版刊行に寄せて」のところにも記しましたが、私は現在、所属大学において、教養科目の１つとして「コミュニケーションとラポール（言語・心理・催眠）」という講座を担当しています。心理学の専門課程では珍しくはありませんが、一般教養の科目で催眠が採り上げられることは、特別なことであると思います。

　最初は科目名の「催眠」の文字に惹かれて興味本位で受

講する学生がほとんどですが、心の仕組みや催眠技法の中の言語および非言語コミュニケーションの方法、そしてヒプノセラピーの実際等をテーマに授業を進めて行くと、学生たちの目の色が変わってきます。こうした知識が、自分たちの毎日の生活に深いかかわりをもっていることが、やがてわかってくるからです。

　学生たちが多用する言葉に「コミュ障（こみゅしょう）」というものがあります。これは、「コミュニケーション障害」を略した言葉ですが、実際に定義される障害としてのコミュニケーションの不具とは大きく異なるものです。例えば、コミュ障の人は、私生活や仕事上で必要な事務的な応対については、ほぼ問題なく行うことができます。ですが、他人との他愛もない雑談に苦手意識をもったり、非常に苦痛に感じたりしてしまいます。

　また、「メンヘラ」という言葉もあります。これは、ネット掲示板「２ちゃんねる」で「心の健康」について取り扱う「メンタルヘルス板」に由来するネットスラングで、「メンタルヘルス板にいるような人間」が「メンヘラー」と略されるようになり、それが「メンヘラ」になったものです。現在では、主に心の病を抱えた人について使われる言葉として蔓延し、医学用語ではないにもかかわらず、自称メンヘラの精神科外来の患者が増加している事実もあります。

自らがこうした「コミュ障」や「メンヘラ」であること
に悩んだり、あるいは家族や友人、恋人がそうした状態に
あることで苦しんでいる学生の数は驚くほど多いのですが、
それが表面化することはほとんどありません。彼らは、不
安や心配や辛さを抱えながら、何もできずにいることがほ
とんどなのです。
　そうした学生が私の授業を受講することで、心やコミュ
ニケーションについて学びを得て、やがてそうした問題に
ついて深く考えるようになります。そして、授業が終わっ
てから私のところに相談に訪れたり、それまで敬遠してい
た学生相談室に足を運ぶようになったりします。授業評価
アンケートには、「この講座を受講したことがきっかけと
なって、友人同士で悩みを相談し合うようになった」とい
う声も多く寄せられています。
　もちろん、大学での私はあくまでも一教員という立場で
学生と接していますから、ヒプノセラピーを施したりする
ことは一切ありません。学生から相談を受けたときは、教
師としてできる範囲内でアドバイスをし、必要に応じてス
クールカウンセラーに相談するようにうながしたり、どう
してもヒプノセラピーを受けたいと強く希望した学生には、
私が信頼するセラピストを紹介することもあります。
　このように、学生自身が、自分や周囲の人間の抱える悩

みに向き合うことがしやすくなるような知識と環境を、この講座を通じて提供し続けたいと考えています。

　また、同講座では、心理学をベースとしたコミュニケーション技術の１つとして催眠を指導することも行っています。例えば催眠の影響を強く受けたNLP（Neuro-Linguistic Programing ＝ 神経言語プログラミング）の技法などは、学生生活や就職活動にも役に立つものです。
「世の中は催眠で溢れている」というのは、私がこの講座をはじめるにあたって必ず学生に伝える言葉なのですが、催眠に関する正しい知識を得ると、実際にこの世界には広い意味での催眠が数多く存在することに気付くようになります。

　例えば、テレビ、ネット、広告……そして、実は教育そのものが強力な催眠技法であることが理解できるようになります。そうした催眠に気付かなければ、知らず知らずのうちに影響を受けてしまうことがあります。ですが、催眠の存在に気付けば、自分自身でその催眠暗示を受け入れるかどうかを取捨選択することができるようになります。

　このように、催眠について知ることは、世の中に蔓延する催眠から身を守ることにつながります。それは、卒業後に、社会へと船出することになる大学生だからこそ、知るに値する知識であると私は考えているのです。

Section 10 ヒプノセラピー先進国アメリカにおける病気へのアプローチ

　アメリカ人のカイン師のもとで直接ヒプノセラピーを学びはじめて一番驚いたのは、師匠をはじめとする彼の地のセラピストが、あたりまえのように難病といわれる病気を対象としたセッションを行っていたことです。

　特に、末期がんやAIDS（後天性免疫不全症候群）といった難病患者を専門にヒプノセラピーを行っているセラピストの存在を知ったときには、「催眠とは心の病を治す療法」と勝手に思い込んでいた自分の価値観が180度変わる体験をしました。

　アメリカがヒプノセラピーの中心地になったのには理由があります。前述の「ヒプノセラピーの歴史」の中でも触れましたが、近代の催眠の歴史は、フランツ・アントン・メスメルにはじまるといわれています。彼が提唱した動物磁気を用いた治療が、後にジェイムズ・ブレイドによって解明され、催眠とヒプノセラピーの基礎が築かれました。

　その後、精神医学や臨床心理学の発展の陰に隠れる形でヒプノセラピーは長い低迷期を迎えるのですが、1955年に英国医師会が心の病に有効な治療法の1つとして認めたことがきっかけとなり欧州で再評価がおこり、それがアメ

リカに飛び火しました。

　ヒプノセラピーは、1958 年に米国医師会によって、1960 年に米国心理学会によって、1962 年に米国精神医学会によって、科学的見地に基づく有効な治療法として認められ、その後の発展へとつながりました。

　現在、アメリカではヒプノセラピーは医学分野のひとつとして認知され、病院内で医師の監督の下で行われる施療であれば、健康保険の適用が受けることのできる州もあります。

　アメリカのヒプノセラピーの特徴の１つとして根治治療を目指すセラピストの多さが挙げられます。日本におけるヒプノセラピーは、直接暗示による症状の軽減が主流ですが、アメリカでは、クライアントさんの深層心理面から問題の原因を探り出し調整を行うことが一般的です。

　カイン師の「退行催眠を施して原因を探ればよい」というモットーは、アメリカのヒプノセラピーの特徴をよく表していると思います。

　この章では、そうしたアメリカのヒプノセラピー事情について、私が実際に見聞きした情報をもとに書き記したいと思います。「アルコール依存症」「うつ病」「がん等の難病」「ヒプノ・バーシング」の４つを例に挙げて、ヒプノセラピー先進国の現状をお伝えすると同時に、その素晴らしい可能

性についても知っていただければと思います。

　なお、このパートだけは実際にアメリカで行われているセッションの報告ということになりますので、現地で使用されている病名や医学用語もそのまま使わせていただきました。

＊ヒプノセラピーは医療行為ではありませんので、医師の診断を必要とされる方は医療機関をご利用ください。また、セラピストが医師による治療プロセスに関与・介入したり、その方針を変えるような行為を行うことは一切ございません。

①アルコール依存症

　アルコール依存症は大変深刻な病気です。発症したご本人はもちろんのこと、周囲の家族や友人、職場の同僚をも巻き込んで、多くの人の人生を破壊してしまう可能性を含んでいます。

　アルコール依存症患者の治療としては、入院治療および抗酒剤の服用、そして自助グループに所属するなどしての断酒が一般的です。

　アルコール依存症には段階があり、脳萎縮が相当に進み、脳機能障害の段階にまで達すると、治療は大変困難になります。しかし、その前段階であれば、ヒプノセラピーによ

る症状の改善は可能です。

アルコール依存症に関する常識の1つとして、断酒後は一生お酒を飲むことができないというものがあります。たとえ一口でもアルコールを口にすれば、脳が刺激を受け、再び強烈な飲酒欲求が起こりはじめるというのです。私も当然そうなのだろうと何の疑いもなく信じていましたが、アメリカのカイン師のもとでヒプノセラピーを学んでいたときに、信じられない話を耳にしました。

その日は、重度のアルコール依存症患者の治療についての講義が行われていました。師匠がクライアントさんの許可を得て録画したセッションのビデオを見ながら、細かい技術やセラピストとしての心配りについての解説がなされていきます。そして、そのすべてを見終えた後、師匠は次のようにいいました。「この人はわずか5回のセッションで、アルコール依存の状態から脱することができました。ここで重要なのは、彼がヒプノセラピーを通じてアルコール依存という状態をコントロールすることができるようになったのではなく、完全に治癒したということです。私は今でも彼と連絡を取り合っていますが、セッションの後は社交の場で、必要に応じてビールの1、2本を飲んでもその後の飲酒欲求がまったく起きないそうです。つまり、彼は依存症を患う前の状態にまで完全に回復したのです」

私ははじめ、この話を信じることができませんでした。世間の常識からあまりにもかけ離れているからです。しかし、師匠はこれまでに何百人ものアルコール依存症患者を更正させていて、彼のもとには世界中から感謝の手紙が届いています（私もそれらを実際に読ませてもらいました）。そして、その多くにヒプノセラピーを受けた後では異常な飲酒欲求がなくなったこと、そして、普通の人と同じように適度なアルコール摂取を楽しんでいることが書かれていました。それらの手紙を読み、そして私自身が実際にヒプノセラピーを実践することによって、人がアルコールに依存する原因がわかってくると、このような完全な回復の仕組みも理解できるようになったのです。

　ただ、正直に申しますと、ヒプノセラピストとして50年以上のキャリアを持つカイン師と私とでは、臨床経験には大きな差があります。私の臨床経験においては、元の木阿弥になってしまうことを恐れたのでしょうが、セッション後にアルコールをあえて口にしたクライアントさんがいないことから、師匠のように依存症から完全に脱却したケースを現時点では確認できておりません。そのため、上に記したことは、あくまでも師匠のケースであるということをご理解いただく必要があります。ですが、私のもとで療法を受けられたクライアントさんの多くが「もうお酒を

飲まなくても大丈夫」「飲みたくない」という状態を維持していることは記しておきたいと思います。

②うつ病

　厚生労働省が3年ごとに全国の医療施設に対して行っている「患者調査」というデータがあります。それによると、1996（平成8）年には43万3千人だった「気分障害」（うつ病、躁うつ病、気分変調症等）総患者（調査日には通院しなかったが前後に通院している者を含む）は、1999（平成11）年は44万1千人とほぼ横ばいだったのが、その後増加を続け、2002（平成14）年には92万4千人、2008（平成20）年には104万1千人。2011（平成23年）年には95万8千人と100万人を切りましたが、2014（平成26年）年には、111万6千人と、再度増加し、過去最多を更新しました。

　銀枝庵でも、クライアントさんからのご相談のうち一番多いのがうつ病に関するものです。うつ病というと、社会人、それも壮年の方が患うイメージが多いかもしれませんが、近年の特徴として若年層のうつ病患者の増加が目立ちます。

　私はヒプノセラピストであると同時に大学の教員でもあるのですが、うつ病を理由に授業の休講を重ね、そのまま

休学、退学してしまう学生の数が年々増え続けていることを実感しています。ある有名大学では、休学者・退学者の8割がいわゆる「心の病」を患っているとの話を耳にしたこともあります。

アメリカにおいてもこの傾向は同様で、全米保健統計センターという政府機関の報告では、1994年から2003年までの10年間で、うつ病と診断された子供の数がなんと40倍にも増えたという結果が出ています。また、成人に目を向けますと、全米で年間9.5パーセント、約2千万人がうつ病にかかっているともいわれています。

アメリカ国内で、処方される薬の中で最も多いのが抗うつ剤であり、SSRI（選択的セロトニン再取り込み阻害薬）や、SNRI（選択的セロトニン・ノルアドレナリン再取り込み阻害薬）といった最新の抗うつ剤の使用が認められているにも関わらず、うつ病の増加を止めるには至っていないという事実が、事の深刻さを如実に表しているともいえます。

そうした状況の中でヒプノセラピーへの注目度は高く、アメリカのカイン師や兄弟弟子たちのクリニックでも、うつ病の相談者の数は増え続けています。中にはあまりにもうつ病のクライアントさんが多くなったために、この症状だけを専門的に扱うことにしたセラピストもおります。

うつ病の改善へのアプローチという点に関していえば、ヒプノセラピーとカウンセリングや各種心理療法との違いはさほどありません。しかし、他の療法と異なり、ヒプノセラピーでは潜在意識に直接アプローチするために、効果が出るまでの速度が圧倒的に早いという特徴があります。

誤解を恐れずに書きますと、カイン師はうつ病について「ヒプノセラピーが扱う症状の中では、難しいものではない。比較的、好結果を得やすい」と述べています。

私個人の見解では、うつ病を抱えたクライアントさんのセッションは決して楽ではないものの、「治癒までのプロセスの見立てがし易い」ことは確かだと思います。症状の度合い、クライアントさんの被暗示性、セラピストの力量等の不確定要素に左右されることはもちろんですが、うつ病とヒプノセラピーの相性は大変良いと私は感じています。

③がん等の難病

アメリカでは、「incurable illness（治療が困難な病気＝難病）」に対して積極的にヒプノセラピーが施されるケースが多くあります。カイン師の一番弟子であるＰ氏は、フロリダ州で長年にわたってがんを中心とした難病治療専門のヒプノセラピストとして活躍されています。

Ｐ氏の施術の特徴として挙げられるのが、１回のセッ

ションにかける時間の長さです。1回3時間を基本として、それを数回繰り返します。時にはセッションにまるまる1日を費やすこともあります。

　P氏のセッションが長いのにはいくつかの理由があります。その1つは、彼のクリニックには全米、そして世界中からクライアントさんが訪れるため、そうした方々の経済的負担を軽減するために、一度に長時間のセッションを行っているからです。

　もう1つの理由は、難病、とくにがんの治療が特殊であるからです。

　ヒプノセラピーの本質が感情の認識を変容させることにあるのは前述しましたが、がんなどの難病の治療を行う際には、そうした病気の原因となった感情を、通常のセッションよりもさらに細かく処理する必要があります。

　P氏の説明によると、人が難病を患うということは、その人の潜在意識が自己破壊を望んでいると考えられます。つまり、ゆっくりとした自死が行われているのです。通常の状態であれば、潜在意識が自らの肉体の死滅を望むことはありません。しかし、潜在意識の中にネガティブな感情が積み重なった結果、自分が存在に値しない人間であるという強い罪悪感を持ったり、自分の肉体がこうした感情を支えきれないと判断した場合、潜在意識は肉体を滅ぼすた

めのプログラムを発動させます。これががんであり、他の難病であるとＰ氏は考えます。

一例を挙げたいと思います。私の知人のお父様は末期の肺がんを患っていました。お話を伺うと、その1年ほど前に、それまでお元気だったお父様が急に体調を崩され、検査の結果、がんが見つかり即入院となったとのこと。残念ながら、その時点ですでに手遅れだと主治医からは告げられていました。

実は、発病の1年半前、お父様は会社のリストラ担当者に任命されました。同僚や上司、部下に早期退職を通告する立場となったのです。お父様はこの役職に就いて以来、かなり落ち込んでいらっしゃったといいます。そして、そのわずか1年半後には肺がんが発病したのです。

西洋医学的には、極度のストレスがお父様の免疫機能を低下させ、人間の体内で毎日のように生まれているがん細胞の増殖を抑制できなくなったという説明がなされるでしょう。もちろん、それは間違ってはいません。しかし、Ｐ氏の考えを当てはめると、がんの発症はお父様の罪悪感が引き起こしたものであるということになります。お父様はがんになることによって、職務上のこととはいえ、それまで苦楽を共にしてきた同僚たちにリストラを宣告したご自身に罰を与えたのです。

知人からこの話を聞いた当時、私はすでにヒプノセラピーを学びはじめてはいましたが、がんの治療にまで応用が利くとは夢にも思っていませんでした。ですが、アメリカでカイン師からＰ氏のがん治療の話を聞いたときに、真っ先に思い出したのがこのお父様のことでした。この知人とは、この直後に連絡が途絶えてしまったために、お父様のその後のご容体については存じておりません。

　Ｐ氏はアメリカのヒプノセラピーの世界でも異端児として扱われていますが、実績があることから支持者も数多くいます。興味深いことにその支持者の中には、がんの専門医が数多く名を連ねています。アメリカでは、医師の紹介状なしに、医師によって診断が下された症状に対してヒプノセラピーを行うことは法律で禁じられています。これは各州の法律によっても異なるのですが、日本よりもはるかに厳格ですし、Ｐ氏が施術を行っているフロリダ州では特にそうであるようです。このことからも、国家資格を持たない民間のヒプノセラピストであるＰ氏が、多くの医師と連携してがんや難病の治療に取り組んでいるというのは実に驚くべきことです。彼はクライアントさんだけではなく、紹介状を書いてくれた医師に対しても結果を出し続ける必要がありますが、それを数10年にわたって行っているところにＰ氏の凄さがあります。

P氏にがんや難病に対する療法を指導したのはカイン師です。しかし、P氏はそれを独自の形で発展させました。そして、その後、その技術を師匠自身がP氏より学びました。

　P氏もいっているのですが、師匠の偉大さはこのような点にあります。自分の弟子であっても、自分にない技術をもった人間には、師匠は頭を下げて学ぶことをいとわないのです。そして、師匠を通じて、私もP氏の技法を学ぶことができました。

　カイン師の技術を継承するOHTCでは、がんや難病の専門医がヒプノセラピーのトレーニングを受けられるケースがとても多いというのが特徴の1つとなっています。講座が開講されると、毎回必ず数名の医師が受講されます。医師が信頼を置くヒプノセラピーを指導するという点は、カイン師の師匠であるデーブ・エルマン師からの伝統であるのかもしれません。

　さて、日本における、がんや難病に対するヒプノセラピーの応用についてですが、私自身は現在、そうしたセラピーを積極的には行っていません。なぜなら、この療法を行うためには、P氏の場合と同様に医師との連携がどうしても必要であるのですが、国内ではそれが簡単ではないからです。

　私も、クライアントさんからの強い要望があり、主治医の監督の下でがんや難病に対するヒプノセラピーの施術を

何度か行ったことがありますが、「治療プロセスのどのタイミングで、どのような部分での改善を目指す暗示を、どう入れるべきか？」などの細かい事前調整が必要でした。

現在、日本国内でも、ご自身がヒプノセラピーを学んで、がん・難病治療に取り組んでおられる医師、あるいはヒプノセラピストと協力して催眠を利用した治療を行っている医師の数は着実に増えているようです。

日本医療催眠学会でも、医師によるヒプノセラピーに関する研究発表もさかんに行われていますし、ヒプノセラピーへの理解に関して、少しずつですが変化が起きつつあることを実感しております。

ですから、もし本書を読んでヒプノセラピーによるがんや難病の改善に興味を持たれた医師の方がいらっしゃいましたら、是非、ご一報いただければ幸いです。この療法に関して私が知っていることのすべてをご説明いたします。そして、願わくば、がんや難病治療の選択肢のひとつとして、誰もがヒプノセラピーを選べる世の中になってほしいというのが、私の願いでもあります。

④ヒプノ・バーシング

ヒプノ・バーシング（hypno birthing）とは、女性に本来備わっている自然出産力を引き出すことで、分娩時の痛

みを最小限に抑えながら出産する方法です。

　アメリカでは、ハリウッド女優のジェシカ・アルバさんや人気モデルのミランダ・カーさんが自らの出産に用いたことで全米に知られるようになりました。最近では、イギリス王室のキャサリン妃がプリンセス・シャーロットを出産された際に、ヒプノ・バーシングの導入を検討したとの報道があり、この出産法が脚光を浴びました。

　ヒプノ・バーシングでは、分娩に痛みが伴うという「常識」は実はネガティブな暗示そのものであって、催眠を用いて母親の潜在意識にある「痛み」の暗示をポジティブなものに置き換えることができれば、母体からは自然の鎮痛剤であるエンドルフィンが分泌され、必要以上に痛みを伴う出産を回避することができると考えます。

　ヒプノ・バーシングでは、妊婦さんに、深い自己催眠に入っていただくためのテクニックを最初にお伝えします。同時に、出産に対する不安や「痛み」につながるネガティブな感情の解消を試みます。例えば、母親や姉妹、友人から告げられた分娩時の痛みに関する恐怖体験、あるいは自身の過去の苦しんだ出産の記憶などの認識を改め、妊婦さんが出産に対する恐怖心を払しょくするためのお手伝いをします。そして、出産時には、レッスンで学んだ自己催眠の技法を使って、胸の下から膝の上までの部分を、分娩に

Chapter 4

ヒプノセラピストのひとりごと

必要な力を十分に残したまま瞬間的に麻痺させることで、スムーズで痛みをほとんど感じることのない出産を目指します。

　ヒプノ・バーシングには、母体への負担の軽減以外にも数多くの利点があります。例えば、ヒプノ・バーシングで産まれた赤ちゃんは、新しい環境への適応能力が高く、夜泣きが少なく穏やかになる傾向があるといわれています。また、ヒプノ・バーシングで生まれてくる赤ちゃんは、IQが高くなることが期待できるという報告もあります。

　ヒプノ・バーシングでは、母親の出産に対する恐怖心を限りなくゼロに近づけることを試みます。すると、分娩時でも心身がリラックスし、痛みの軽減はもちろんのこと、子宮口および産道が自然に緩んできます。すると赤ちゃんは、身体に必要以上の締め付け（＝ストレス）を感じることなく限りなく自然に生まれることができるようになるのです。

　アメリカである医学者が行った研究の結果、子供のIQの高さは出産のときに胎児が受けるストレスの度合いに反比例するということがわかりました。これが本当であるのならば、分娩時に母親が胎児に与えるストレスを最小限に抑えることで、その子のIQを高めることができると考えられます。

カイン師は、ヒプノ・バーシングの指導を長年にわたって行っており、これまでに 300 人以上の赤ちゃんの誕生に携わってきました。そうしてこの世に生を受けた子供たちの成長を知らせる手紙を受け取ることが、彼にとってはこの上ない喜びであるといいます。師匠ほどの実績はありませんが、銀枝庵でも、直伝のヒプノ・バーシングを提供しております。実際は、妊婦さんの体調、赤ちゃんの状態、出産予定日までの期間等によってセッションの回数や内容が変わってきますので、詳細につきましては当院までお問い合わせください。

Chapter 4

ヒプノセラピストのひとりごと

Section 11 日本医療催眠学会について

「増補改訂版刊行に寄せて」の中でも記しましたが、2013年2月に日本医療催眠学会（Japan Medical Hypnosis Association）が設立されたことは、日本におけるヒプノセラピーの歴史において画期的な出来事であったと私は考えています。

もちろん、これまでに国内で催眠やヒプノセラピーの研究を目的とした学会が存在しなかったわけではありません。ですが、その多くが医学、歯学、心理学の有資格者のみに門戸が開かれた会であったり、ある特定の講座の受講者のみが入会を許されている会であったりして、研究や人的交流の面で自由度が低い状況でした。

日本医療催眠学会は、その設立にあたって、医療分野の有資格者のみならず、在野のセラピストや催眠の研究家、教育者にも門戸を広げることを決めました。学会が考える「医療」というのが、通常の西洋医学の身体を診る医療とは異なり、心と身体の調和を保つことにより病気を癒し、予防する全人的医療を意味しているからです。

その結果、学会の趣旨に賛同して入会された会員の職業、研究、臨床領域も当然幅広いものとなっており、そこでの刺激的な交流が、全人的医療の新たな可能性を生み出しています。

米国催眠士協会®(National Guild of Hypnotists® 略称NGH)については、カイン師について書いた項目の中で紹介しましたが、毎年夏に開催されるNGHの年次総会では、3日間の期間中に200を超える催眠関連のセミナーやワークショップが開講され、様々な分野・領域で実践されている催眠関連技法の活用例や方法などを学ぶことができます。

私がはじめて日本医療催眠学会の大会に参加した時、規模こそ違うものの、そこに流れる空気がNGHの総会のそれによく似ていると思いました。幅広い分野の発表や講座を楽しみながら、医療の有資格者と民間のセラピストが互いに意見を交わし、交流し、学びを得る、そんな自由闊達な学会風土を感じられたのです。

現在、私は日本医療催眠学会に理事という形で微力ながらご奉仕をさせていただいております。催眠という技術を心から愛する情熱的な会員の皆さまに引っ張られる形で、楽しく役職を務めさせていただいております。まだまだ、歴史の浅い学会であり、改善すべき点も多いのが現状ですが、医療催眠の可能性は大きく、その発展のために精一杯の尽力をさせていただくつもりです。

＊日本医療催眠学会では、医療催眠を理解し、勉強し、役立たせようと思っておられる方々のご入会を募っております。詳細につきましては、学会のウェブサイト（http://japan-mha.com/）をご覧ください。

最後の砦

　ジェリー・F・カイン師の言葉です。
「ヒプノセラピーというのは、クライアントさんにとって最後の砦だ。駆け込み寺なんだよ。考えてごらん、例えばうつ病を患った人が、真っ先にヒプノセラピストのもとを訪れるなんてことがあるだろうか？　そんなことはまずありえない。

　その人はまず、医者のもとを訪れる。普通は内科医だろう。そこで診察を受ける。その結果、身体には何の異常も発見されず、それでも症状があるということで、心療内科を受診することを勧められる。心療内科に行くと、うつ病と診断される。薬を処方されるが、いつまでたっても症状は改善しない。

　すると、その人はカウンセリングや心理療法を受けるが、それでも何の変化も起きない。次は、民間療法だ。鍼、灸、整体、食事療法を取り入れる人もいるだろう。それでもどうにもならないと、いわゆるエネルギーワークや心霊治療なんかに走る人も出てくる。レイキやスピリチュアル・ヒーリングにすべてを託す人もいる。そして、これだけのことをやっても、どうしても治らないという人が、最後の最後にすがるのがヒプノセラピーだ。

その人は時間も、お金も、そして希望ですらすり減らした状態で私たちのもとを訪れる。だからこそ、ヒプノセラピストはできる限り短期間で、低料金で、確実に効果を出さなくてはならないのだ」

　私は開業して以来、師匠のこの言葉を心に刻み込んでクライアントさんに向き合ってきました。本音をいうと、「もっと早い段階で訪ねてきてくれたら……」と思うことはしばしばあります。問題となる症状が出はじめた初期段階でヒプノセラピーを施していれば、より短期間で効果を出すことができ、それだけクライアントさんへの負担を減らすことができるからです。

　ですが、同時に私は、ヒプノセラピーが「最後の砦」であり「駆け込み寺」であることに誇りと自信を持っています。それだけの力がヒプノセラピーにはあると信じているからです。

　ただ、誤解して欲しくないのですが、ヒプノセラピーの力＝ヒプノセラピストの力ではありません。この本を通じて、私が読者であるあなたにお伝えしようとしてきたことは、あなたの内側にある力の存在です。現在、あなたを悩ましている様々な症状を引き起こした力があなたの内側にあるのと同様に、それを治すための力もあなたは必ず持っているということを知っていただきたいのです。

本著の執筆にあたっては、さまざまな方からのご指導、ご協力をいただきました。

　アメリカのジェリー・F・カイン師からは、ヒプノセラピーにおいて必要なことのすべてを教えていただきました。

　日本の催眠術・催眠心理療法のM先生からは、催眠の楽しさと、確実に催眠をかけるための技術、そして催眠を通じて人生を豊かにするためのノウハウを教えていただきました。

　体験記をお寄せいただいた方々を含む、すべてのクライアントさんからは、日々、人の心の不思議さについて学ばせていただいております。

　ハート出版の日高裕明社長には、駆け出しのヒプノセラピストである私の本を出版していただくという無謀な（？）決断をしていただきました。また、編集部の西山世司彦さんとの出会いがなければこの本が世に出ることもありませんでした。お2人には衷心より感謝の意を表します。

　最後に、私がヒプノセラピストとしての活動を続けることができるのは、家族の支えあってのことです。妻の順子、亡父・文雄、母・美佐子には感謝してもしきれません。

　皆様のお力添えなくしては、本書が刊行されることはありませんでした。心より篤くお礼申しあげます。

おわりに

　4年前に前著を刊行した頃の私は、駆け出しのヒプノセラピストであり、また海外でヒプノセラピーの修行を積んだという事情もあって、日本のヒプノセラピーの関係者とはほとんど交流のない「一匹狼」の状態でした。

　それが、日本教育催眠学会でお世話になった橋元慶男先生のお誘いで、日本医療催眠学会に入会させていただけることになり、それからヒプノセラピストとしての私を取り巻く状況は一変しました。

　日本を代表するヒプノセラピストであり医師でもある萩原優先生とご縁をいただいたこと自体が望外の喜びであったのですが、先生から学会の理事への就任を打診され、突然の出来事に戸惑いつつもお受けしたことで、ヒプノセラピーに情熱を注ぐ素晴らしいお仲間との出会いを得ることができました。

　このたび、萩原先生から巻頭の「推薦のことば」をお寄せいただき、ヒプノセラピーの普及活動と指導のために国内外を飛び回っているお忙しい先生のお手を煩わせることになったことに恐縮しつつ、先生の温かい励ましと期待のお言葉に、更なる精進を誓うばかりです。

　また、OHTC東京の開設に伴い、ジェリー・カイン師

やハンズ・ウィッフ代表、そして世界中のオムニのインストラクターたちとの交流もさらに深まりました。そして、OHTCのトレーニングを受けてくださった受講生の皆さんとのご縁は、私にとってもかけがえのないものとなっています。

この4年間、ヒプノセラピーは私に多くの喜びを与えてくれました。そのことに感謝をすると同時に、どうかこの素晴らしい療法のことをもっと多くの人に知っていただきたいと思い、増補改訂版においては前著よりもさらに深く、そして分かりやすくヒプノセラピーの概要について説明を試みました。

本書の帯には「ヒプノセラピーには無限の可能性がある」というキャッチコピーが書かれています。これからも私は、臨床の現場、大学での研究、学会での活動、そしてOHTCでの指導を通じて、この可能性を追求していきたいと考えています。

　　　2016年　盛夏の候　埼玉県ふじみ野市に於いて記す

Appendix EX | The Dave Elman Induction
デーブ・エルマン誘導法

　さあ、大きく息を吸って少しだけ止めてください。息を吐くと同時に両目を閉じて身体の表面の緊張を解いてください。可能な限り、身体をリラックスさせてください。

　瞼(まぶた)の筋肉に意識を向けて、瞼が動かなくなるまで筋肉をリラックスさせてください。リラックス状態を維持する限り瞼が開かないというところまでゆるめることができたと確信できたら、このリラックス状態を保ったまま瞼が開かないことをテストしてみてください（3～4秒間テストさせ、それから告げる）テストを止めてください。

　あなたが今瞼に感じているこのリラックスした感覚は、あなたの全身にいき渡らせてもらいたい感覚と全く同じものです。ですから、頭のてっぺんから両足の爪先まで、このリラックスした感覚を流していってください。

　さあ、このリラックスした状態をさらに深くしていきましょう。これから、あなたには、両目を開けたり閉じたりするように指示を出します。そして、あなたが目を閉じた

とき、このリラックスした感覚が10倍深くなります。あなたがただそうなりたいと願うだけで簡単にそうなります。

いいですか、目を開けて……目を閉じて、全身を流れるリラックスした感覚を感じて、ますます深いところまでいきましょう。あなたの素晴らしい想像力を発揮して、全身がリラックスという温かい毛布で包まれていることを想像しましょう。

このリラックス状態をどんどん深くしていきましょう。これから、あなたにはもう一度、両目を開けてから閉じるように指示を出します。そして再びあなたが目を閉じたとき、今感じているリラックス状態が2倍深くなります。

いいですか、再び目を開けて……目を閉じて、リラックスした感覚が2倍になります。いいですよ。全身の筋肉をすっかりリラックスさせて、この状態にある間中、全身のすべての筋肉は動かなくなります。

これから、あなたにはもう一度、両目を開けたり閉じたりするように指示を出します。そして再びあなたが目を閉じたとき、今感じているリラックス状態が2倍深くなります。今の倍深いところまでいきます。

　いいですか、再び目を開けて……目を閉じて、リラックスした感覚が2倍になります。全身の筋肉をすっかりリラックスさせて、この状態にある間中、全身のすべての筋肉は動かなくなります。

　これから、私があなたの腕（右腕あるいは左腕）を手首のところで少しだけ持ち上げてから離します。これまで私の指示どおりに従っていれば、あなたの腕はすっかりリラックスして濡れた布切れのように脱力してしまい、ドサッと下に落ちてしまいます。いいですか、私の手助けはしないでください。手助けしようとするとリラックス状態が解けてしまいます。腕を持ち上げるのは私にまかせて、手を離したとき、腕がドサッと落ちるのを感じて、ますます深いところまで下りて行ってください。

（もし被験者が腕を持ち上げるのを手伝ったとき）「腕を持ち上げるのは私にまかせてください。手助けをしないで、腕の重さを感じてください。脱力したときは自分でも分るはずです。すっかり力が抜け、脱力してしまいます」と告げる。

　さあ、これで身体が完全にリラックスしました。あなたに知ってもらいたいのですが、人がリラックスするための方法は2つあります。1つが身体のリラックスで、もう1つが心のリラックスです。もうすでにあなたは身体をリラックスさせることはできていますから、これから心をリラックスさせる方法をお教えしましょう。

　これから、あなたには、数字を声に出してゆっくりと100から逆に数えてもらうように指示を出します。このとき、心をリラックスさせるコツは、数字を口にするたびに、心のリラックス状態を2倍にすることです。1つ数を数えるごとに、今の2倍、心をリラックスさせてください。そうすると、98までに達するかその前に、あなたの心はすっかりリラックスしてしまい、98の後に来る数字もすべて

頭の中から消えてしまいます。あなたの頭の中から数字が無くなってしまうのです。

　これはあなたが自分自身で行わなくてはなりません。私があなたの代わりに数字を消すことはできません。数字はあなたが心の中から押しやれば消えてしまいます。あなたがそれを望めば、簡単に数字を心から消すことができる、そのことを信じて数を数えていきましょう。
　さあ、最初の番号からはじめましょう。100。そしてリラックス状態は2倍です。

クライアント：100。

ヒプノセラピスト：心のリラックス状態を2倍にしましょう。数字はすでに消えはじめています。

クライアント：99。

ヒプノセラピスト：心のリラックスは2倍です。数字が頭

を離れはじめます。あなたがそれを望めば消えていきます。

クライアント：98。

ヒプノセラピスト：さあ、もう無くなってしまいます。頭の中から追いはらって、消してしまってください。それを実現させてください。それをするのはあなたです。私にはできません。押しやって、消してください。もう消えて無くなりましたか？

＊数字が消えれば、催眠暗示によるamnesia(健忘)やanalgesia（痛覚脱失）が起こるSomnambulism＝ソムナンビュリズムと呼ばれる深いレベルの催眠に入れたことが確認できる。

主要参考文献

Acosta, Judith and Judith Simon. *The Worst Is Over: What to Say When Every Moment Counts.* San Diego, California: Jodere Group, 2002.

Banyan, Calvin D. *The Secret Language of Feelings: A Rational Approach to Emotional Mastery.* Tusitn, California: Banyan Publishing, 2003.

Banyan, Calvin D. and Gerald F. Kein. *Hypnosis and Hypnotherapy: Basic To Advanced Techniques For the Professional.* Minnesota: Abbot Publishing House, 2001.

Boyne, Gil. *Transforming Therapy: A New Approach to Hypnotherapy.* Glendale California: Westwood Publishing, 1989.

Elman, Dave. *Hypnotherapy.* Glendale California: Westwood Publishing, 1964.

Parkhill, Stephen C. *Answer Cancer, Answers for Living: The Healing of A Nation.* Deerfield Beach, Florida: Health Communications, 1995.

池見酉次郎『催眠:心の平安への医学』日本放送出版協会、1967年

イゴール・レドチャウスキー『催眠誘導ハンドブック:基礎から高等テクニックまで』大谷 彰 訳、金剛出版、2009年

オハンロン・W・H・, M・マーチン『ミルトン・エリクソンの催眠療法入門:解決志向アプローチ』宮田敬一 監訳、津川秀夫 訳、金剛出版、2001年

クラズナー・A・M・『クラズナー博士のあなたにもできるヒプノセラピー』小林加奈子 訳,ヴォイス、1995年

斎藤稔正『催眠法の実際』創元社、1987年

ジョン・ヘイリー『アンコモンセラピー：ミルトン・エリクソンのひらいた世界』高石 昇 訳、宮田敬一 監訳、二瓶社、2001年

苫米地英人『洗脳原論』春秋社、2000年

成瀬悟策『催眠』誠信書房、1960年

成瀬悟策『催眠の科学：誤解と偏見を解く』講談社、1997年

成瀬悟策『催眠面接法』誠信書房、1968年

萩原　優『医師が行う「ガンの催眠療法」CDブック』マキノ出版、2011年

林　貞年『催眠術のかけ方』現代書林、2003年

林　貞年『催眠術の極め方』現代書林、2008年

林　貞年『催眠術の極意』現代書林、2006年

武藤安隆『図解雑学　催眠』ナツメ社、2004年

武藤安隆『潜在意識に効く！催眠療法』ナツメ社、2006年

森　定一『森式医療催眠による自己コントロール法』たま出版、1998年

ヒプノセラピスト養成のトレーニングは　→
<オムニ・ヒプノシス・トレーニングセンター 東京>
E-mail: info@omnihypnosis.jp
Website: http://omnihypnosis.jp
<ヒプノ・ポッドキャスト>
Website: http://hypnopodcast.seesaa.net

ヒプノセラピーを受けるには　→
<催眠療院・銀枝庵>
※完全予約制
TEL: 050-3691-5533
E-mail: info@ginshian.net
HP: http://ginshian.net

催眠、ヒプノセラピーに興味のある方は　→
日本医療催眠学会（Japan Medical Hypnosis Association）
Website: http://japan-mha.com/

藤野 敬介（ふじの けいすけ）

催眠療法士（ヒプノセラピスト）
OMNI Hypnosis Training Center（スイス）認定講師
 （Designated Certification Instructor）
The Board Certified Hypnotist（NBHEC）
Certified Hypnotist（NGH）

1970年東京都生まれ。

催眠療院・銀枝庵院長
オムニ・ヒプノシス・トレーニング・センター東京　代表/認定講師

カナダの大学を卒業後、日本の大学院に進学。博士課程修了後、防衛省・防衛大学校にて英語を指導。長い海外生活の経験から、呼吸法等を通じて英語の発声・発音を修得する「身体から学ぶ英語」を提唱。同時期に操体（法）の修行を開始。國學院大學へ移籍後、操体のエッセンスを加えた英語の指導を開始。その頃、うつ病と摂食障害を抱える学生から相談を受けたことをきっかけに、心理学、精神医学を研究しはじめ、ヒプノセラピーを知る。

数年にわたる研究・修行の末、大学において教育催眠の研究を、催眠療院・銀枝庵にてヒプノセラピーの実践を開始、現在はOHTC東京の代表・認定講師として後進の指導にも携わっている。

OMNI Hypnosis Training Center®（スイス）認定講師トレーニング
 （DCI）修了
OMNI Hypnosis Training Center®（スイス）催眠療法士（ヒプノセラピスト）養成コース修了
The National Board of Hypnosis Education and Certification®（米国）
 認定ヒプノティスト（The Board Certified Hypnotist）
National Guild of Hypnotists®（米国）認定ヒプノティスト（Certified Hypnotist）
米国アルケミー催眠協会（The Alchemy Institute of Hypnosis）ソマティック・ヒーリング（体細胞療法）ワークショップ修了
日本ソマティックヒーリング研究会（JSHA）会員
TRANS催眠術師養成スクール上級技能課程修了
日本医療催眠学会（JMHA）理事
日本教育催眠学会（JEHA）所属
國學院大學文学部准教授（文学博士）
特定非営利活動法人教育改革2020理事

プレ・トークでよくわかる
ヒプノセラピー入門

2016年9月28日　第1刷発行

著者　　藤野 敬介

発行者　日高 裕明

発行　　ハート出版
　　　　〒171-0014
　　　　東京都豊島区池袋 3-9-23
　　　　TEL03-3590-6077　FAX03-3590-6078
　　　　http://www.810.co.jp

印刷　　中央精版印刷

©Fujino Keisuke, 2016 Printed in Japan
ISBN978-4-8024-0025-1

乱丁・落丁本はお取り替えいたします。
ただし古書店で購入したものはお取り替えできません。